Zur Klempnerei

세상의 금속

METALL: Was unsere Welt zusammenhält
by Reinhard Osteroth and Moidi Kretschmann

17

세상의 금속

— 주기율표에서 스마트폰까지, 금속의 모든 것

라인하르트 오스테로트 지음, 모이디 크레치만 그림, 이수영 옮김

2016년 8월 22일 초판 1쇄 발행
2020년 7월 10일 초판 3쇄 발행

펴낸이 한철희 | 펴낸곳 돌베개 | 등록 1979년 8월 25일 제406-2003-000018호
주소 (10881) 경기도 파주시 회동길 77-20 (문발동)
전화 (031) 955-5020 | 팩스 (031) 955-5050
홈페이지 www.dolbegae.co.kr | 전자우편 book@dolbegae.co.kr
블로그 imdol79.blog.me | 트위터 @dolbegae79 | 페이스북 /dolbegae

주간 김수한
책임편집 우진영·권영민 | 표지 및 본문 디자인 형태와내용사이 | 본문 이은정
마케팅 심찬식·고운성·조원형 | 제작·관리 윤국중·이수민 | 인쇄·제본 상지사 P&B

ISBN 978-89-7199-738-3 44000
ISBN 978-89-7199-452-8 (세트)

책값은 뒤표지에 있습니다.

이 도서의 국립중앙도서관 출판예정도서목록(CIP)은 서지정보유통지원시스템 홈페이지(http://seoji.nl.go.kr)와
국가자료공동목록시스템(http://www.nl.go.kr/kolisnet)에서 이용하실 수 있습니다.
(CIP제어번호: CIP2016018472)

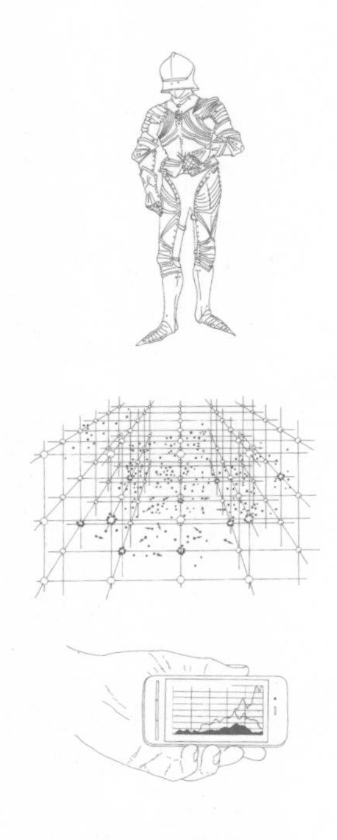

주기율표에서
스마트폰까지,
금속의 모든 것

세상의 금속

라인하르트 오스테로트 지음 | **모이디 크레치만** 그림 | **이수영** 옮김

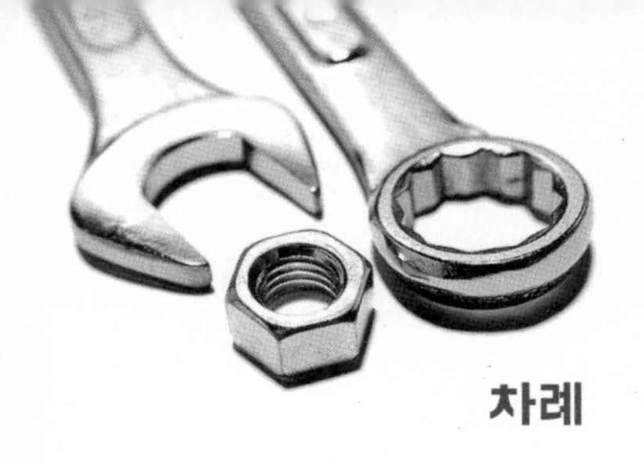

차례

성 시도니우스의 팔 모양 성유물함.
13세기 초 북프랑스. 높이 65미터.
침나무, 심재, 은박, 구리, 도금한 은, 보석(원산지 루앙)

서문
금속의 세계

금속의 세계는 차고, 단단하고, 무겁고, 날카롭고, 시끄럽고, 전투적이다. 그와 동시에 부드럽고, 매끄럽고, 반짝거리고, 독성이 있고, 신비스러운 측면도 있다. 그러나 세상의 나무들처럼 친밀감과 아늑함을 주지는 않는다. 우리는 이 책에서 나무와는 전혀 다른 세계로 들어갈 것이다. 그곳은 특이한 아름다움으로 가득한 다채로운 세계이다. 오랜 옛날 인간은 지표면 아래서 그 세계를 처음 발견했고, 점점 더 금속을 탐하며 밖으로 끄집어냈다. 금속은 과거의 석탄과 석유처럼 세계 경제가 가장 탐내는 원료이다. 인류는 금속을 발견함으로써 비로소 삶을 근본적으로 변화시키고 발전시킬 수 있었다.

연금술사들은 처음에 금을 얻으려고 여러 광석과 금속을 도가니에 넣고 끓였다. 그들은 수많은 시행착오를 거치는 동안 점점 더 많은 것을 배웠고, 자연의 물질들을 새로운 화합물로 변화시켰다. 금속에는 전기와 자기라는 신비한 힘이 흐른다. 또한 자연에서 발견되는 93개의 화학 원소 중 68개[분류 방식에 따라 다를 수 있다.]가 금속에 속한다.

인간은 금속을 채굴하고 가공해 여러 도구를 만들었고, 이를 토대로 청동기 문화와 철기 문화를 이루었다. 쟁기와 말편자, 톱니바퀴를 이용하면서 세상은 변하기 시작했다. 인간은 온갖 어려움과 위험을 무릅쓰고 산속에 갱도를 만들어 구리와 주석, 납, 은 등 귀중한 광석을 캐냈다. 산업화 시대는 금속의 개선 행진이었다. 파리는 '철의 여인'이라고 불리는 새로운 상징물을 갖게 되었고, 강철로 만든 다리와 고층 건물들은 건축술의 새로운 차원을 열었다. 미국의 서부 개척 시대도 금속에 의해 이루어졌는데, 증기를 내뿜으며 달리는 철마가 개통된 덕분이었다.

20세기 중반에 이르러서는 플라스틱의 승승장구가 시작되었지만,

그렇다고 금속의 중요성이 줄어든 것은 아니었다. 오히려 그 반대였다. 1970년대까지는 30여 개의 금속이 중요한 산업 원료였다면, 오늘날에는 그 종류가 더 늘어났다. 예를 들어 첨단 기술을 대표하는 마이크로일렉트로닉스는 '희토류 원소'라고 불리는 아주 특별한 금속인 스칸듐, 이트륨, 란타넘, 세륨, 루테튬, 네오디뮴이 없으면 불가능하다. 희토류는 컴퓨터, 스마트폰, 축전지, 풍차 발전기, 초강력 자석 등을 만들 때 반드시 필요한 지하자원이다. 그러나 희토류 채굴을 위해 주변 지역 전체가 파헤쳐진다. 그렇게 생겨난 노천 채굴 광산들은 분화구와도 같은 거대한 구멍과 막대한 광석 찌꺼기를 남긴다. 또한 그 과정에서 나오는 유독성 폐기물을 물에 버려서 심각한 환경오염까지 일으킨다. 이것이 첨단 산업에 필요한 금속 가공의 추한 뒷면이다.

나무의 세계를 살펴본 책에 이어, 여기서는 다채롭고 모순투성이

인 금속의 세계로 여행을 떠나려 한다. 광산을 찾아가 오래된 갱도를 둘러보고, 종 만드는 과정을 관찰할 것이며, 용접 기술과 무기의 발달 과정을 간략하게 짚어 볼 계획이다. 또한 세계 자원 시장의 동향을 살펴보고, 금융 시장의 안정적인 화폐인 금에 대해서도 알아볼 것이다.

하지만 우선은 드릴을 이용해
금속에 구멍을 뚫는 방법부터
살펴보도록 하자.

빠른 속도로 뚫고 자르기

금속 가공과 공구들의 세계

강철판에 구멍을 뚫는다고? 그 일을 시도해 본 사람이라면 금속의 저항력이 매우 강하다는 사실을 알 것이다. 구멍을 뚫는 공구를 드릴이라고 하는데, 강철판에 구멍을 뚫으려면 전동기로 드릴을 회전시키는 전기 드릴이 있어야 한다. 드릴을 고정하는 드릴 스탠드를 사용하면 더 좋다. 처음에는 용도에 맞지 않는 드릴을 사용해 보자. 그러면 아무리 힘을 줘도 금속에 구멍이 뚫리지 않는다. 대신 연기가 피어오르고 드릴이 뜨거워진다. 그래도 무시하고 계속 시도한다면 드릴이 과열돼서 결국에는 망가지고 만다. 금속에 구멍을 뚫으려면 특수강으로 된 **금속 드릴**이 있어야 한다. 금속 드릴의 포장에는 HSS라고 적혀 있다. 이는 영어 High Speed Steel의 약자로, 금속 재료를 빠른 속도로 자르는 고속도강으로 만들었다는 뜻이다.

올바른 드릴과 **드릴 비트**[드릴 날]를 사용하면 일은 완전히 달라진

정확하고 안전하게 구멍을 뚫게 해 주는 드릴 스탠드

다. 드릴이 철판을 뚫고 들어가면서 미세한 금속 부스러기가 날린다. 그러나 일이 순조롭게 진행된다고 너무 서두르거나 힘을 주면 안 된다. 드릴이 뜨거워지는 건 마찬가지여서 항상 조심해야 한다. 특히 드릴 스탠드를 사용하지 않고 구멍을 뚫을 때는 더더욱 조심해야 한다. 드릴 비트를 조금만 잘못 세워도 철판이 함께 돌아가면서 손을 칠 수 있기 때문이다. 그러니 성능 좋은 집게로 공작물을 단단히 고정하고, 맨손이 아니라 장갑을 끼고 작업해야 한다. 운 좋게 피만 조금 났다고 해도, 다시는 그러면 안 된다. 생각 없이 서두르는 것은 초보자의 실수로 끝나야 한다. 골치 아픈 철판 때문에 혼났으니 그만두어야 할까, 아니면 계속해야 할까? 이렇게 쉽게 포기할 수는 없으니 반창고를 붙이고 다시 도전해 보자. 그사이 뜨거웠던 드릴 비트가 식었을 테니 조금만 더 작동시켜 구멍을 뚫는다. 구멍이 뚫렸으면 드릴을 천천히 빼낸다. 잘못하면 다시 구멍을 뚫어야 할지 모르니 조심해야 한다. 두 번째 철판에도 구멍을 뚫은 다음 나사못과 암나사로 둘을 연결한다.

금속을 이용해 조립이나 공작을 할 때는 여러 가지 경험을 하게 된다. 천과 종이는 가위로 자르고, 나무는 톱으로 자를 수 있다. 그런데 구리와 철, 강철판은 어떻게 해야 할까? 철판이 너무 두껍지 않다면 금속 가위를 이용하면 된다. 그런데 그렇게 쉬운 일이 아니다. 자른 뒤에는 날카로운 모서리와 구석이 생기는데, 그런 부분들은 철제 줄을 이용해 둥글게 다듬어야 한다. 그 밖의 다른 부분들은 쇠톱으로 잘라낼 수 있다. 다만 나무처럼 쉽게 잘리지 않기 때문에 힘과 끈기가 필요한 작업이다. 어쨌든 대부분의 금속은 잘 구부러지는 성질을 갖고 있어서 금속으로 뭔가를 만드는 일은 충분히 가능하다. 물론 여러 금속 조각을 골고루 가지고 있어서 필요할 때 바로 골라서 사용할 수 있는 것이 가장 좋기는 하다.

이런저런 일들을 경험하고 나면, 직접 만들기보다는 차라리 건축 자재를 파는 곳에 가서 필요한 부분을 사려고 할지도 모른다. 아니면 철판과 쇠막대, 철과 놋쇠를 좋아하게 되고, 매끄럽게 반짝이거나 광택이 없는 금속 표면에 매료될 수도 있다. 집에서 사용하던 낡은 도구들과 떼어 낸 부품들을 이용해 완전히 새로운 물건을 만드는 일에 흥미를 느낄 수도 있고, 어떤 것은 작은 전기 모터를 달아서 움직이게 할 수도 있을 것이다. 어쨌든 우리는 구멍을 뚫는 과정을 살펴보면서 **금속으로 작업할 때는 특별한 주의가 필요하다**는 점을 배웠다.

우리는 전기 드릴을 통해 또 다른 놀라운 사실을 알게 된다. 공구를 이용해 뭔가 직접 만들어 본 사람이라면 공구와 재료의 싸움을 경험할 수 있었을 텐데, 금속 가공의 역사는 처음부터 그런 싸움의 연속이었다는 사실이다. 인류는 금속을 얻기 위해서 막대한 힘을 쏟아야 했지만, 금속을 다루고 가공하는 방법을 고안하기 위해서

소결

금속을 정련하는 야금 기술 중 하나로, 광석과 금속 가루를 적당한 온도로 가열하여 서로 결합시키는 방법이다. 탄화텅스텐 가루와 코발트 가루를 섞어서 만든 초경합금인 비디아를 포함해 모터와 전동 장치의 부속들도 이런 방법으로 만들어진다. 가루로 된 원재료를 첨가물과 섞어서 녹는점 이하로 가열하고 높은 압력을 가하면, 그 물질들이 '구워지고' 접착력이 생기면서 단단한 화합물로 '결합된다.' 이렇게 만들어진 소결 화합물은 균질하지 않은 대신 서로 결합하기 어렵거나 불가능한 물질들이 결합되어 내구성이 강한 재료가 된다. 도자기와 플라스틱을 만들 때도 소결 방법이 사용된다.

파인이 만든 최초의 휴대용 전기 드릴

도 수많은 노력을 기울여야 했다. 우리는 전기 드릴이라는 편리하고 현대적인 기계를 얻었고, 오늘날에는 전기 드릴이 없는 가정을 생각하기 어려울 정도가 되었다. 슈투트가르트 출신의 **빌헬름 에밀 파인**이 1895년에 최초의 휴대용 전기 드릴을 세상에 내놓았다. 구멍 뚫기의 역사를 잠시 살펴보겠다고 하면, 본론에서 벗어날 뿐만 아니라 내용도 어려울 거라고 생각하는 사람이 있을지 모르겠다. 그러나 생각보다 훨씬 흥미롭고 유익한 정보를 얻을 수 있다. 머리 좋다는 많은 사람들이 구멍 뚫는 공구와 장치를 발명하려고 애를 썼는데, 화가 **레오나르도 다빈치**도 그들 중 한 사람이었다.

16세기에는 구멍 뚫기가 무척 힘든 작업이었다. 구멍을 뚫는 공구도 단순하고 빨리 마모되었다. 실은 구멍을 낸다기보다 갈고 깎는 것에 더 가까웠다. 그 때문에 구멍이 동그랗지 않았고, 깊이 들어가면 지름이 정확하지 않았다. 따라서 머스킷 총과 권총, 대포 등 총포의 구멍을 만드는 데는 적합하지 않았다. 명중률을 높이려면 총신과 포신을 끊임없이 깎고 다듬는 고된 작업이 필요했다. 그러다가 철을 단련해 **강철**을 생산하게 되면서 상황이 달라졌다. 더 단단한 금속으로 만든 새로운 드릴 비트로 둥글고 정확한 구멍을 뚫을 수 있게 되었다. 또한 이미 뚫린 구멍 안쪽을 더 넓히는 총포용 보링머신이 탄생했는데, 이는 말이나 수력으로 작동하는 거대한 장치였다.

무기가 아닌 공업용 기계를 만드는 과정에서도 정확성에 대한 요구가 점점 더 커졌다. 초기의 **증기기관**은 영국 남부의 탄광에 세워져 광산 밖으로 물을 뿜어내는 작업에 투입되었다. 그 모습이 퍽 인상적으로 보이기는 했겠지만, 좀 더 자세히 관찰하면 아직 완성 단계가 아니라는 사실이 바로 드러났다. 증기기관은 증기의 열에너지를 기계적인 일로 전환하는 원동기로, 가열된 증기의 압력으로 실린더 내 피스톤이 왕복운동을 한다. 그런데 피스톤의 운동에너지로 바뀌는 열에너지가 겨우 1퍼센트에 불과해 효율성이 너무 낮았다. 피스톤과 실린더 사이에 빈틈이 너무 많았기 때문에 증기 압력 대부분이 쓰이지 못하고 쉭 꺼져 버렸다.

제임스 와트도 그 사실을 알았고, 끈질긴 노력 끝에 처음으로 믿을 만한 구조를 갖춘 증기기관을 만들었다. 그러나 와트의 증기기관에서도 피스톤과 실린더가 빈틈없이 들어맞지 않는 문제가 여전히 골칫거리였다. 피스톤의 왕복운동이 실린더 안에서 정확하게 이루어지지 않으면 값비싼 기관은 금방 망가졌다. 그러다 보니 와트 기관도 처음에는 판매가 지지부진했다. 그러다 1776년 와트는 동업자인 매튜 볼턴으로부터 반가운 소식을 들었다. "존 윌킨슨 씨가 여러 종류의 실린더에 거의 정확하게 구멍을 뚫어 주었네. 그중에는 폭이 30센티미터인 것도 있는데, 어느 부분을 재도 6펜스짜리 동전 두께만큼 아주 근소한 오차만 있을 뿐, 원의 형태는 매우 정확하다네." 그 정도로 정확한 구멍을 뚫으려면 여전히 한 달 정도 시간이 필요했지만 그것은 굉장한 발전을 의미했다.

증기기관의 실용화를 이룬 제임스 와트(1736~1819)

윌킨슨이 만든 새로운 실린더용 보링머신은 기계 제작에 획기적인 발전을 불러왔다. 그는 보링 바를 이중으로 배치해서 구멍을 뚫는 동안 막대가 휘어지는 약점을 보완했다. 기존의 기계가 불규칙하게 돌아가면서 타원형의 구멍을 만들었다면, 이제는 중심을 정확히 맞춰 안정적으로 구멍을 뚫을 수 있게 된 것이다. **윌킨슨 보링머신**은 빠르게 회전하면서 금속에 구멍을 뚫었는데, 그러면서도 재료가 움직이지 않았다. 게다가 단단한 금속으로 만든 날카로운 날이 달려 있었다. 공구와 기계 전문가인 카를 알방은 그 기계를 "기술사의 전환점"이라고 칭했고, 꼭 필요한 공구가 꼭 필요한 시기에 탄생했다고 말했다. 윌킨슨의 이 기계가 없었다면 증기기관의 실용화가 언제쯤에나 이루어졌을지 알 수 없다.

증기기관은 점점 더 많은 공장에 투입되었고 점점 더 많은 기계를 가동시키며 산업화 시대의 첫 번째 원동력이 되었다. 그와 마찬가지로 윌킨슨이 만든 것과 같은 기계들도 없어서는 안 될 공구가 되었다. 아니, **산업화의 개척자**가 되었다고 할 수 있다. 그러한 공구들을 '기계를 만드는 기계'라는 뜻으로 공작기계라고 한다. 철과 강철로 만든 공작기계는 복잡한 연결 장치와 레버, 톱니바퀴 등으로 이루어진 정교한 기구였고, 그 자체가 아름다운 금속 구조물의 형태를 띤 것도 많았다. 공작기계는 점점 더 다양해졌고, 전문 공장에서 생산되었다. 이러한 기계들 덕분에 단단한 금속을 가공하는 일은 점점 더 쉬워지고, 정교해지고, 빨라졌다.

구멍 뚫기의 핵심 기술인 드릴에 대해서 조금 더 살펴보도록 하자. 우리가 휴대용 전기 드릴을 사용할 때 쉽게 갈아 끼우는 나선형 드릴 비트도 중대한 결과를 불러온 새로운 발명품이었다. 나선형 드릴은 18세기부터 만들어졌다. 그러나 처음에는 목재용이었고, 수작업으로 완성되었다. 19세기 중반에 이르러서야 미국인 **스티븐 모스**가 금속에 사용되는 나선형 드릴을 만들었다. 그런데 더 중요한 점은 밀링머신[회전하는 커터를 이용해 공작물을 절삭하는 기계로, 프레이즈반이라고도 한다.]을 이용해 꽤 많은 나선형 드릴을 빠른 속도로 생산할 수 있었다는 사실이다. 나선형 드릴이 만들어지면서 구멍을 뚫는 작업이 비로소 흥미로워졌는데, 구멍을 뚫을 때 생기는 금속 부스러기가 회전하는 드릴에 의해서 곧바로 구멍 밖으로 나왔기 때문이다.

윌킨슨이 만든 실린더용 보링머신의 복원품

오늘날 금속 가공에 쓰이는 드릴은 하이스피드스틸, 즉 고속도강으로 만들어진다. 드릴의 재료는 특수 합금으로 아주 단단한데, 텅스텐, 몰리브데넘, 바나듐, 코발트, 니켈, 타이타늄 원소가 들어간다. 드릴을 만드는 특수강에는 이 원소들이 30퍼센트까지 포함되어 있다. 돌과 콘크리트에 구멍을 뚫는 드릴에는 1926년 독일의 크루프 사에서 개발한 **비디아**Widia라는 특수 합금이 사용된다. 비디아는 오늘날까지 상품명으로 계속 사용되고 있는데, 독일어 '비 디아만트'Wie Diamant의 약

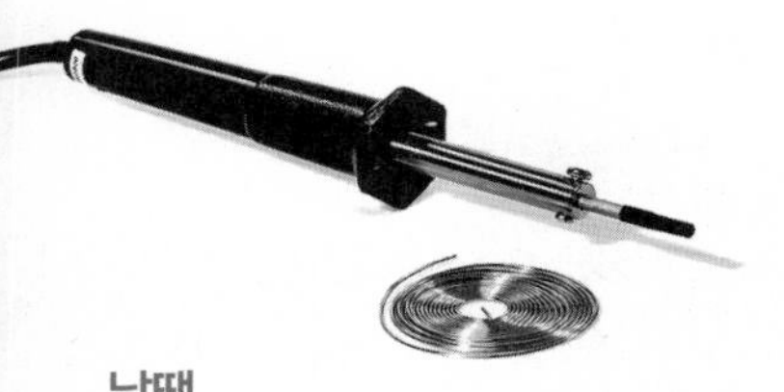

납땜

철사나 작은 금속 부분들을 접합할 경우 전기 납땜인두를 사용한다. 납땜은 전자 부품들을 조립할 때 일반적으로 사용하는 기술로, 저항기와 트랜지스터, LED 램프를 인쇄 회로 기판에 연결한다. 용접에 비해서는 간단한 기술이지만 그래도 재미있다. 처음에는 쉽지 않지만 조금 연습하면 더 잘할 수 있다. 납땜인두의 뾰족한 끝으로 땜납을 가열해 녹인 뒤 땜질할 자리에 바른다. 잠시 뒤 땜납은 바로 식어서 딱딱하게 굳는다. 그것으로 벌써 끝이다. 예전에는 주로 주석과 납으로 땜납을 만들었지만, 최근에는 유독 가스 때문에 납을 사용하지 않는다. 납땜인두와 부속품은 가격이 비싸지 않다. 사용 설명서에 정확한 사용 방법이 적혀 있어서 납땜을 쉽게 따라할 수 있다.

자로 '다이아몬드처럼'이라는 뜻이다. 알려진 물질들 중에서 다이아몬드가 가장 단단해서 붙여진 이름이다. 비디아 금속을 연마하고 날카롭게 깎을 때도 다이아몬드가 필요하다. 비디아는 탄화텅스텐과 코발트를 섞어서 만든 매우 단단한 복합재료이다.

지금까지 살펴본 구멍 뚫기의 역사는 금속 가공의 발전 과정을 보여 주는 본보기이다. 구멍을 뚫는 기계와 마찬가지로 금속을 자르거나 깎는 기계도 점점 더 성능이 개선되었다. 특히 선반旋盤은 점점 더 복잡한 구조를 갖춘 공작기계로 발전했다. 선반에 금속 재료를 넣어 회전시키면 날카로운 날이 금속을 정확한 형태로 깎거나 잘랐다. 예를 들어, 카메라 본체와 렌즈 사이에 들어가는 기계적 접속 장치도 선반을 이용해 자른다. 사람의 손발을 이용한 수동식 선반은 처음에 증기기관을 이용한 엔진 선반을 거쳐 자동 선반으로 발전했다. 자동 선반은 점점 빠른 속도로 부품들을 완성했고, 자동화 속도도 빨라지면서 노동자들이 해고되는 결과를 초래했다.

구멍을 뚫고, 회전시켜서 깎거나 자르는 모든 일을 **공작기계**들이 수행했다. 이 기계들의 정밀성은 중대한 결과들을 불러왔다. 특히 무기와 재봉틀, 자전거 생산이 비약적으로 발전했다. 그 과정에서 얻은 지식과 경험은 곧 컨베이어 시스템이라는 새로운 생산 방식을 탄생시켰다. 미국에서는 1910년부터 **헨리 포드**가 컨베이어 시스템으로 **모델 T**라는 자동차를 처음으로 대량생산했다. 포드의 공장은 놀라움과 경탄의 대상이 되었다. 자동차처럼 수많은 부품으로 이루어진 복잡한 기계를 컨베이어 시스템으로 조립할 수 있었던 것은 다양한 공작기계 덕분이었다. 공작기계들은 모든 부품을 오차 없이 정확하게 생산했고, 규격의 단일화를 가능하게 했다. 금속 가공의 표준자가 만들어진 셈이었다.

1920년대 선반

우리도 집에서 휴대용 전기 드릴과 구멍 틀을 이용해 공작기계를 따라해 볼 수 있다. 구멍 틀에 맞춰 몇 개의 구멍을 뚫으면 그 크기가 일정하다는 사실을 확인할 수 있을 것이다.

알아보기

용접

용접 마스크를 끼고

강렬한 불빛이 일렁이고, 격렬하게 타닥거리는 소리와 함께 새빨간 불꽃이 사방으로 튄다. 용접 현장에서 볼 수 있는 광경이다. 용접 마스크를 쓴 용접공은 마치 영화 「스타워즈」에 나오는 다스 베이더처럼 보인다. 하지만 **보호 마스크**를 쓰지 않으면 강렬한 불빛에서 나오는 자외선이 눈에 치명적인 영향을 줄 수 있다. 용접 마스크 뒤에는 온 정신을 한곳에 집중한 용접공의 예리한 눈이 감춰져 있다. 용접은 고도의 집중력과 많은 연습이 필요한 작업이다. 용접 기사가 되려면 견습 과정과 시험을 거쳐서 필요한 자격증을 따야 한다. 용접할 때 용접 기구의 끝에서는 섭씨 3200도에 달하는 굉장히 높은 열이 발생한다.

용접의 원리는 분리된 두 물질을 열과 압력으로 직접 이어 붙이는 것이다. 가장 보편적인 방법은 용접봉을 이용해 두 물질을 접합하는 방법이다. 고열로 용접봉을 녹여서 이어 붙이는 용접은 금속을 단단하게 결합시킨다. 예를 들어 배기관이 부식되어 가느다란 틈이나 작은 구멍이 생긴 경우에는 용접봉으로 다시 메울 수 있다. 구멍이 너무 크다면 납을 넣어서 용접한다. 하지만 언젠가는 그런 방법으로도 안 되는 때가 온다. 이전에 용접했던 얇은 납이 뜨거운 용접 불꽃을 견디지 못하고 부서지고 마는데, 그러면 제아무리 능숙한 용접 기사라도 그만 포기해야 한다.

오늘날에는 서로 다른 금속과 합금 종류에 따라서, 또 다양한 용도에 따라서 **용접 방법**도 천차만별이다. 가스의 연소열을 이용해 용접하는 **산소 아세틸렌 용접**에는 강철로 된 용기 두 개가 필요한데, 한 곳에는 산소, 다른 곳에는 아세틸렌을 넣는다. 두 가스를 혼합했을 때 발생하는 높은 열에서 용접에 필요한 불꽃이 생기는 것이다. 이 방법은 20세기 초에 개발되어 선로를 이어 붙일 때 쓰였다. **아크방전에 의한 전기 용접**(아크 용접)은 그보다 오래된 기술이다. 1891년 러시아 기술자 **니콜라이 가브릴로비치 슬라브야노프**를 통해 개발되어 작업장과 공장에서 널리 이용되었다. 두 전극을 접촉시키면 강한 전류가 흐르면서 과열되어 아크방전이 일어난다. 작업에 쓰이는 공작물 자체가 한쪽 전극이고 용접봉이 다른 쪽 전극이 되는데, 용접봉은 녹아서 접합부를 채운다. 그러나 건설 공사 현장에서는 나사와 볼트, 리벳(대가리가 둥글고 두툼한 굵은 못)을 이용한 결합 방식이 더

오랫동안 사용되었다. 그러다가 내구성과 강도가 높아진 질 좋은 강철이 개발되면서 용접은 비로소 가장 중요한 기술이 되었다. 1950년대부터 산업에 도입된 **보호 가스에 의한 용접**(탄산가스 용접)은 가스 연소로 가스층을 형성해 대기 중의 산소로부터 용접한 부분을 보호하는 방법이다. 그렇게 해서 달갑지 않은 산화 작용으로 인해 접합부가 약해지는 것을 막을 수 있다. 1961년에는 **레이저 용접**이 개발되었고, 1980년대부터는 **용접 로봇**이 산업 현장에 투입되었다. 보호 마스크를 쓰지는 않았지만 여전히 공상 과학 영화를 보는 것 같다. 앞으로는 점점 더 많은 로봇이 투입될 것이다.

원자와 전자 금속과 무한한 합금의 세계로 떠나는 물리 화학 여행

작은 유리 앰풀에 금빛이 도는 걸쭉한 액체가 들어 있다. 금속인 세슘이다. 조금 특이해 보이고, 위험하기도 하다. 순수한 세슘이라면 금빛이 아니라 은백색이었을 것이다. 또 앰풀에 들어 있지 않았다면 공기 중의 산소와 즉시 반응했을 것이다. 세슘은 알칼리 금속이고, 원소 주기율표에서 리튬, 나트륨, 칼륨, 루비듐, 프랑슘과 함께 1족에 속한다. **알칼리 금속**은 화학적으로 가장 반응성이 큰 원소들로, 공기와 물을 만나면 격렬하게 반응한다. 작은 나트륨 조각이 중탕 용기에서 불꽃을 일으키며 춤추는 실험은 화학 시간에 특히 인기가 많고, 항상 깊은 인상을 남긴다. 나트륨은 유리 앰풀이 아니라 등유에 넣어 보관해야 한다. 부드러운 금속이어서 칼로 자를 수도 있다. 절단면은 처음에는 은백색이지만 곧 산소와 결합해 색깔이 변한다. 액상, 부드러움, 강한 반응성은 한쪽 극단에 있는 금속 원소의 특징이다. 그 반대편에는 우리가 생각하는 전형적인 특징을 보이는 금속 원소들이 있다. 즉 무겁고, 단단하고, 내구성이 강한 납, 구리, 은, 금, 백금 등의 원소들이다. 이처럼 금속의 세계는 매우 다양하고 대조적인 요소로 가득하다.

순도 높은 철

그렇다면 금속이란 무엇이고, 어떤 특징들을 공유하고 있을까? 먼저 금속은 **화학 원소**이다. 금속성 광택을 띠고 있어서 불투명하고 은백색을 띤다. 다만 금과 구리의 색깔은 예외다. 대부분의 금속은 아무리 단단하고 견고해도 형태를 쉽게 바꿀 수 있다. 구부릴 수도 있고 망치로 두들겨 가공할 수도 있다. 또한 열과 전기에 대한 전도성이 있다. 이런 모든 특징을 설명하고 구체적으로 드러내기 위해서 물리학자들과 화학자들은 특정한 모형을 만들었다. 원자 모형과 물질 구조의 모형이 대표적이다. 금속의 기본적인 모형은 원래 매우 단순하고 한눈에 쉽게 알아볼 수 있다. 금속의 **원자핵**은 원자의 내부 질서를 잡아 주는 역할을 하는데, 격자 모양의 결정격자로 배열되어 있다. 다시 말해 일

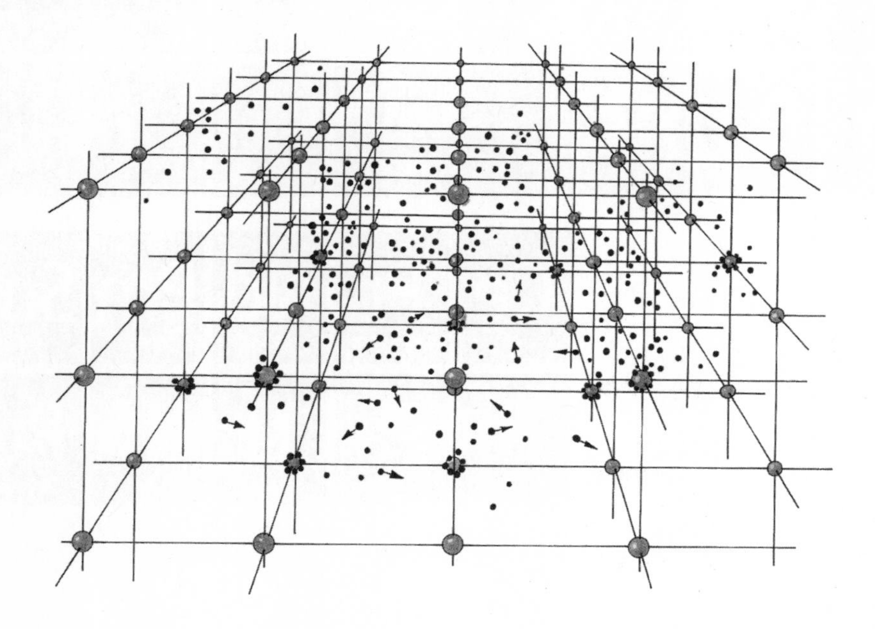

금속
1 알칼리 금속
2 알칼리 토류 금속
전이 금속
란타넘족
악티늄족
기타 금속(또는 전이 후 금속)
수소
반금속(또는 준금속)
비금속
16 칼코겐(산소족 원소)
17 할로겐(염소족 원소)
18 비활성 기체
1
2
3
4
5
6
7
8
9
1 1.01 H
3 6.94 Li 리튬
4 9.01 Be 베릴륨
11 23.00 Na 나트륨
12 24.31 Mg 마그네슘
19 39.10 K 칼륨
20 40.01 Ca 칼슘
21 44.96 Sc 스칸듐
22 47.88 Ti 타이타늄
23 50.94 V 바나듐
24 52 Cr 크로뮴
25 54.94 Mn 망가니즈
26 55.85 Fe 철
27 코발트
37 85.47 Rb 루비듐
38 87.62 Sr 스트론튬
39 88.91 Y 이트륨
40 91.22 Zr 지르코늄
41 92.91 Nb 나이오븀
42 95.94 Mo 몰리브데넘
43 (98) Tc 테크네튬
44 101.07 Ru 루테늄
45 로듐
55 132.91 Cs 세슘
56 137.33 Ba 바륨
57 138.91 La* 란타넘
72 178.49 Hf 하프늄
73 180.95 Ta 탄탈럼
74 183.85 W 텅스텐
75 186.21 Re 레늄
76 190.2 Os 오스뮴
77 Ir 이리듐
87 (223) Fr 프랑슘
88 (226) Ra 라듐
89 (227) Ac** 악티늄
104 (257) Rf 러더포듐
105 (260) Db 더브늄
106 (263) Sg 시보귬
107 (262) Bh 보륨
108 (265) Hs 하슘
109
58 140.12 Ce 세륨
59 140.91 Pr 프라세오디뮴
60 144.24 Nd 네오디뮴
61 (145) Pm 프로메튬
62 150.36 Sm 사마륨
63 유로퓸
90 232.04 Th 토륨
91 231.04 Pa 프로트악티늄
92 238.03 U 우라늄
93 237.05 Np 넵투늄
94 (244) Pu 플루토늄
95
원자 번호: 한 원소의 원자에 들어 있는 양성자 수
질량수: 한 원소가 가지는 모든 동위원소의 평균 질량
원소 기호(이름의 약자)
원소의 이름
1 1.01 H 수소

원소 주기율표

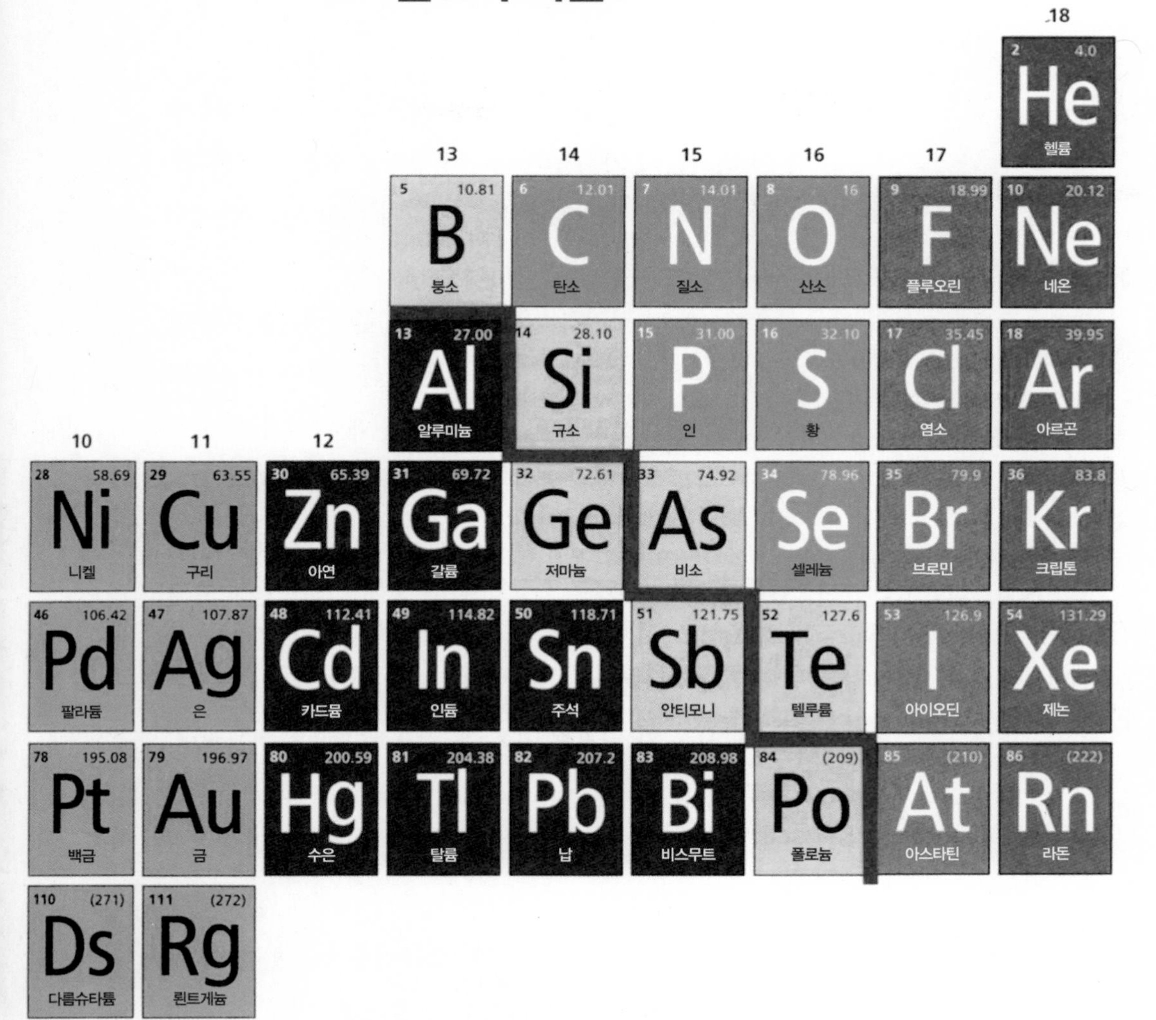
18
2 4.0 He 헬륨
13
14
15
16
17
5 10.81 B 붕소
6 12.01 C 탄소
7 14.01 N 질소
8 16 O 산소
9 18.99 F 플루오린
10 20.12 Ne 네온
13 27.00 Al 알루미늄
14 28.10 Si 규소
15 31.00 P 인
16 32.10 S 황
17 35.45 Cl 염소
18 39.95 Ar 아르곤
10
11
12
28 58.69 Ni 니켈
29 63.55 Cu 구리
30 65.39 Zn 아연
31 69.72 Ga 갈륨
32 72.61 Ge 저마늄
33 74.92 As 비소
34 78.96 Se 셀레늄
35 79.9 Br 브로민
36 83.8 Kr 크립톤
46 106.42 Pd 팔라듐
47 107.87 Ag 은
48 112.41 Cd 카드뮴
49 114.82 In 인듐
50 118.71 Sn 주석
51 121.75 Sb 안티모니
52 127.6 Te 텔루륨
53 126.9 I 아이오딘
54 131.29 Xe 제논
78 195.08 Pt 백금
79 196.97 Au 금
80 200.59 Hg 수은
81 204.38 Tl 탈륨
82 207.2 Pb 납
83 208.98 Bi 비스무트
84 (209) Po 폴로늄
85 (210) At 아스타틴
86 (222) Rn 라돈
110 (271) Ds 다름슈타튬
111 (272) Rg 뢴트게늄

64 157.25 Gd 가돌리늄
65 158.93 Tb 터븀
66 162.5 Dy 디스프로슘
67 164.93 Ho 홀뮴
68 167.26 Er 어븀
69 168.93 Tm 툴륨
70 173.04 Yb 이터븀
71 174.97 Lu 루테튬
* 란타넘족 원소
96 (247) Cm 퀴륨
97 (247) Bk 버클륨
98 (251) Cf 캘리포늄
99 (252) Es 아인슈타이늄
100 (257) Fm 페르뮴
101 (258) Md 멘델레븀
102 (259) No 노벨륨
103 (260) Lr 로렌슘
** 악티늄족 원소

정한 각도로 상당히 규칙적으로 배열되어 있다. 그에 반해 이 원자들의 외부 전자들은 굉장히 자유롭다. 외부 전자는 개별적인 원자핵에 편입돼 있지 않고 격자 안에서 자유롭게 춤을 추며 돌아다닌다.

다시 한 번 정리하자면, 원자핵은 결정격자를 이루고 있고, 음전하를 띠면서 격자 안에서 돌아다니는 전자가 없기 때문에 양전하를 띤다. 원자는 원래 양성자 수와 중성자 수가 같고, 전하량이 같아서 전기적으로 중성이다. 그런데 원자가 전자를 잃거나 얻어서 전기를 띠게 되면 **이온**이라고 한다. 전자는 이들 사이에서 자유롭게 움직이는데, 격자 사이를 뚫고 아무 데나 마음대로 돌아다니기 때문에 **전자가스**라고도 한다. 금속이 열과 전기에 대해 전도성을 갖는 것은 이와 같은 금속의 구조 덕분이다. 자유롭게 움직이는 전자들에 의해서 에너지와 전기의 교환이 이루어지기 때문이다. 망치질로 금속을 구부리고 변형할 수 있는 것도 격자 모형을 토대로 쉽게 상상할 수 있다. 과장해서 말하자면 망치로 물질을 두드렸을 때 변하는 것은 아무것도 없다. 모든 것이 진동하면서 원자핵이 원래의 자리에서 다른 곳으로 이동하지만 대신에 다른 원자핵이 다시 그 자리로 들어온다. 그 원자핵도 이전의 원자핵과 마찬가지로 양전하를 띤다. 따라서 망치질

치명적인 깡통

그것은 당혹스럽고 무서운 일이었다. 실종된 **존 프랭클린 경**과 그의 탐험대를 찾는 과정에서 사람들은 경험 많은 북극 탐험가와 선원들이 도저히 이해할 수 없는 행동을 했다는 것을 알게 되었다. 존 프랭클린 경이 이끄는 탐험대는 1845년 유럽과 아시아를 연결하는 북서항로를 탐사하기 위해서 북극으로 출발했다. 그러나 그들은 얼음에 갇혀 실패하고 말았다.

1850년 수색에 나선 사람들은 프랭클린 탐험대의 무덤 세 개를 발견했다. 그곳에 있던 시신들은 1981년에야 발굴되어 연구가 시작되었다. 캐나다 연구가 오언 비티는 전혀 예상치 못한 결과를 얻었다. 시신들에서 기준치의 열 배가 넘는 납이 검출된 것이다. 그로써 탐험대의 몰락이 굶주림이나 괴혈병 때문이 아니라 통조림 깡통에 담긴 식품 때문이었던 것으로 드러났다. 당시 통조림 깡통은 완전히 새로운 발명품이었다. 그러나 탐험대가 가져간 깡통에는 치명적인 결함이 있었다. **납땜**을 해서 만든 것이었고, 깡통 내부도 마찬가지였다. 탐험대는 매일 비타민이 풍부한 음식을 먹으면서 독성이 강한 납까지 함께 섭취했고, 그것이 피로감, 신경과민, 어지럼증, 정신이상 등 치명적인 결과를 초래한 것이다.

을 한 뒤에도 원칙적으로는 이전의 구조와 달라지는 것이 전혀 없다. 반면에 양전하를 띤 양이온과 음전하를 띤 음이온으로 이루어진 물질의 이온격자는 완전히 다르다. 이때는 망치로 두드렸을 때 똑같은 전하를 띤 이온 두 개가 갑자기 가까워지면서 충돌해 물질이 부서지거나 깨진다. 외부 전자들이 원자핵들 사이에서 단단히 결합된 결정 구조에서도 망치의 타격은 물질을 부서지게 한다. 전자들의 결합이 단단한 것은 원자를 구성하는 요소들이 결합각까지 결정해서 유연성을 허락하지 않기 때문이다. 그러나 금속에는 음이온의 충돌을 막는 자유 전자들이 있다. 이 전자가스가 사방으로 접착제처럼 작용하기 때문에 금속 결정은 형태가 변하는 것을 견뎌 낸다. 이온들이 마지막까지 저항하면서 특정한 자리를 고수하기보다는 부서지기 전에 스스로 물러서는 것이다. 금속의 영리함이다. 그래서 우리는 금속을 마음껏 망치질하고 구부

납은 다른 중금속과 마찬가지로 인체에서 쉽게 분해되지 않고, 뼈에도 축적된다. 납은 신경계 손상과 조혈 기능 장애를 야기할 수 있다. 오늘날에도 식품뿐만 아니라 먼지를 통해서도 납을 흡수한다. 예전에는 엔진의 노킹(내연 기관의 실린더 안에서 연료가 비정상적으로 연소되면서 생기는 이상 현상으로, 망치로 두드리는 것 같은 소리가 난다.)을 방지하기 위해서 휘발유에 납 화합물을 첨가했다. 그러나 배기가스로 배출되는 납 성분이 인체와 환경에 좋지 않은 영향을 끼치는 것으로 밝혀져 1970년대부터는 다른 첨가물로 대체되었다. 그 뒤로 납으로 인한 환경오염은 뚜렷하게 개선되었다.

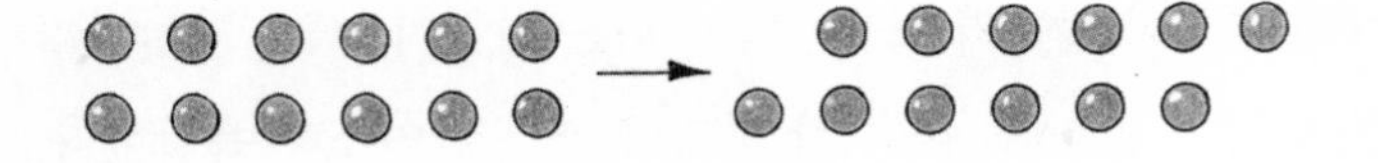

간이 도표
외부에서 힘이 가해졌을 때 금속 격자와 결정에서 이루어지는 이온 결합

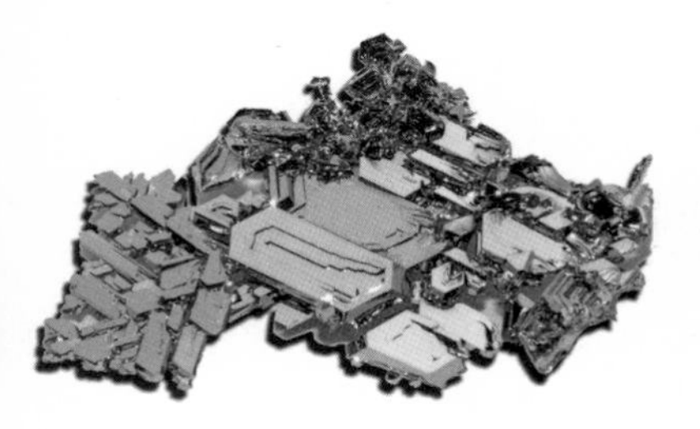
백금의 결정질

릴 수 있다. 이처럼 원자의 영역에서 살펴보면, 처음 금속을 발견한 인류가 왜 그처럼 금속에 열광했고, 어떻게 석기 시대에서 청동기 시대로 나아갔는지 짐작할 수 있다.

섬광이 번쩍인다. 금속이 반응하는 것이다. 이번에는 **알칼리 토류 금속**에 속하는 베릴륨, 마그네슘, 칼슘, 스트론튬, 바륨, 라듐을 살펴보자. 마그네슘의 예에서 알 수 있듯이 이 원소들도 반응성이 매우 크다. 마그네슘 가루는 밝은 빛을 내면서 연소하기 때문에 평판 카메라로 사진을 찍던 시대에 플래시램프에 사용되었다. 알칼리 토류 금속은 원소 주기율표에서 두 번째 주요 그룹인 2족을 이루고 있으며, 가볍고 빠르게 반응하는 외부 전자 두 개를 갖고 있다. 예를 들면 산소나 수소와 결합해서 산화물이나 수산화물을 형성하고, 탄소와는 탄산염을, 염소와는 염화물을, 유황과 결합해서는 황산염을 이룬다. 산화칼슘은 '구운 석회'로, 여기에 모래를 섞고 물로 개어 회반죽을 만든다. 마그네시아는 마그네슘의 산화물인 산화마그네슘이다. 체조 선수들이 철봉이나 평행봉에 매달릴 때 손에 묻히는 하얀 가루도 여기에 속한다. 이 모든 생성물질을 물에 녹이면 알칼리 용액을 얻게 된다. 그 때문에 알칼리 금속과 알칼리 토류 금속이라는 이름이 붙었다. 알칼리 토류 금속은 위험한 원소다. 불이 잘 붙거나 스스로 연소해 폭발한다. 베릴륨과 베릴륨의 산화물 및 염화물은 독성이 매우 강하고 암을 유발한다.

금속을 조금 더 단순하게 분류하고 싶다면 **경금속과 중금속**으로

금속	밀도(g/cm³)	녹는점(℃)	끓는점(℃)	지각에서 차지하는 질량비(%)
마그네슘	1.7	650	1090	1.9
세슘	1.9	28	671	0.00065
알루미늄	2.7	660	2467	7.6
아연	7.1	420	907	0.007
철	7.9	1538	2861	4.7
구리	8.9	1085	2562	0.01
납	11.3	327	1749	0.0018
텅스텐	19.3	3422	5555	0.0064
금	19.3	1064	2856	0.0000005
백금	21.5	1768	3825	0.0000005

나눌 수 있다. 리튬은 밀도 0.534g/cm³으로 가장 가벼운 금속이다. 이제 알칼리 금속을 다시 만나게 되는데, 나트륨은 0.97g/cm³이고, 마그네슘은 1.74g/cm³이다. 알루미늄은 여러 산업 분야에서 다양하게 사용되는 경금속으로 밀도가 2.70g/cm³이다. 값이 굉장히 비싸고 단단한 타이타늄은 그보다 조금 더 무거워서 4.5g/cm³이다. 경금속은 그것으로 끝이고, 그보다 더 무거운 것은 경금속으로 분류되지 않는다. 철, 구리, 니켈, 아연은 밀도가 중간 정도이고, 납은 그보다 더 무겁다. 정말로 무거운 금속에는 금과 백금이 있고, 자주 들어 보지 못하는 오스뮴, 레늄, 이리듐은 그보다 더 무겁다. 방사선을 방출하는 대표적인 금속인 우라늄과 플루토늄도 무거운 원소에 속한다. 이로써 중금속 중에서도 인간에게 해로운 위험 지대를 만나게 된다. 특히 납과 카드뮴

전력 손실이 없는 초전도

1908년 네덜란드의 물리학자 헤이커 카메를링 오너스는 헬륨을 응축시켜 액체로 만들었고, 그 과정에서 오늘날까지 물리학의 흥미로운 분야에 속하는 하나의 현상을 발견했다. 수은을 매우 낮은 온도(−273.15℃, 또는 0켈빈)까지 냉각하면 전기 저항이 사라져 전류가 막힘없이 흐른다는 사실이었다!

다른 금속이나 그 화합물, 텅스텐, 갈륨, 납, 알루미늄, 테크네튬도 그렇게 할 수 있다. 그러나 냉각이 문제였다. 양자물리학적으로만 설명되는 그러한 절약 효과를 내려면 임계 온도(한 물질이 임계점에 도달해 상태와 속성이 변하기 시작하는 온도)까지 냉각해야 한다. 모든 경우에 임계 온도는 분명 영하 260도 이하였다. 그런데 1986년에 더 높은 임계 온도에서 얻을 수 있는 세라믹 초전도체들이 발견되었다. 이트륨 바륨 구리 산화물처럼 이름도 복잡한 물질들로, 가장 높이 도달한 임계 온도가 영하 135도이다. 초전도 현상은 이미 오래전부터 기술적으로 응용되고 있는데, 예를 들면 매우 강력한 자석을 만들 때 쓰인다. 흔히 MRI라고 부르는 자기공명영상 장치는 그러한 자석을 갖추고 있으며, 건강 진단이나 뇌파 측정에 사용된다.

은 분해되지 않고 체내에 축척되어 여러 질병을 일으킨다. 그러나 다른 한편에는 철, 구리, 크로뮴, 코발트, 아연 등 미량원소로서 우리의 건강을 위해 없어서는 안 될 중요한 금속들도 많다.

금속은 우리의 시선을 아주 먼 과거로 돌려놓는다. 유용한 광물이 땅속에 많이 묻혀 있는 광상과 산맥은 수백만 년 전에 생성되었다. 그런데 금속은 그 시기에서 그치지 않고 지구가 만들어진 45억 년 전까지 돌아보게 한다. 이상하게도 중금속 중 많은 수가 지각에서 발견된다. 우리는 그 금속들을 마치 다른 별에서 온 것처럼 바라보는데, 그만큼 신비스럽고 불가사의한 느낌을 주기 때문이다. 일부 지질학자들과 자연과학자들은 거기에는 그만한 이유가 있다고 설명한다. 영국 브리스틀 대학교의 연구자들은 2011년 특정한 금속이 지각에서 발견되는 이유를 연구해 하나의 이론으로 종합한 논문을 발표했다. 지구 내부의 상층부에는 원래 놀라울 정도로 많은 금속이 존재하는데, 45억 년 전 지구가 아직 뜨거운 상태로 우주에 떠 있었을 때 철과 금, 백금 등의 무거운 금속들이 모두 지구의 핵 속으로 가라앉았기 때문이라는 것이다. 그런데 우리가 접근할 수 있는 곳에서 **지하자원**을 발굴할 수 있는 이유가 무엇일까? 연구자들은 과학 잡지 『네이처』에서 그 금속들이 우주에서 왔다고 대답했다. 지구가 냉각되고 내부층들이 견고해진 38억~35억 년 전 우주에서 수많은 운석과 유성이 지구로 쏟아졌고, 지구는 그 덕분에 많은 금속을 공급받게 되었다고 했다. 운석 비가 내릴 때마다 우주에서 엄청난 양의 물질이 지구에 떨어졌고, 이 물질들이 신생 지구의 상부 암석층과 뒤섞였다는 것이다. 퍽 인상적이고 근사한 이론이다. 이 이론의 진위 여부에 대해서는 학자들이 논쟁을 벌일 것이다.

아연

놀라울 정도로 다채로운 기초 금속의 세계는 그것으로 끝이 아니다. 우리는 금속의 특수한 격자 구조를 다시 살펴보아야 한다. 그 구조가 금속들의 특징을 변화시키고, 서로 결합시키고, 그것을 통해 완전히 새로운 물질을 만들어 내는 가능성을 깨닫게 해 주기 때문이다. 많은 금속이 다른 금속이나 탄소와 같은 비금속과 융합해 **합금**을 형성하는 능력을 갖고 있다. 합금은 성질이 다른 두 개 이상의 금속과 다른 첨가물이 매우 긴밀하고 균일하게 섞인 화합물이다. 수작업에 이용하거나 기술적으로 응용할 때는 원소 주기율표에 적힌 순수한 금속보다 합금이 훨씬 더 중요하다. 놋쇠(구리와 아연)와 청동(구리와 주석)은 특히 잘 알려졌고 자주 이용되는 합금이다. 금속은 합금 덕분에 예기치 못할 정도로 놀라운 변신술사가 되었다. 때로는 원래의 금속들이 지닌 것과는 전혀 다른 특징을 지닌 합금이 만들어진다.

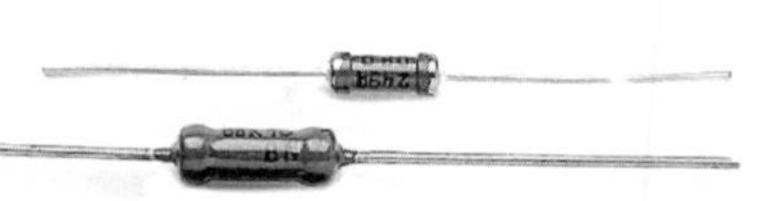

이러한 현상을 이해하려면 다시 금속의 격자 구조와 전자가스를 언급해야 한다. 어떤 합금 물질의 격자 안에는 이제 서로 다른 이온들이 들어 있지만, 그것이 자유 전자들에 의한 금속 결합을 근본적으로 바꿔 놓지는 않는다. 그런데 더 큰 원자들의 결합체와 상이한 격자 영역의 배열을 관찰하면, 새로운 원자들이 공급됨으로써 결정의 구조 안에서 물질의 특징을 결정짓는 중요한 변화가 생긴다. 우리는 그저 합금은 매우 복잡한 구조물이고, 전문가들의 영역이라는 것만 짐작할 뿐이다.

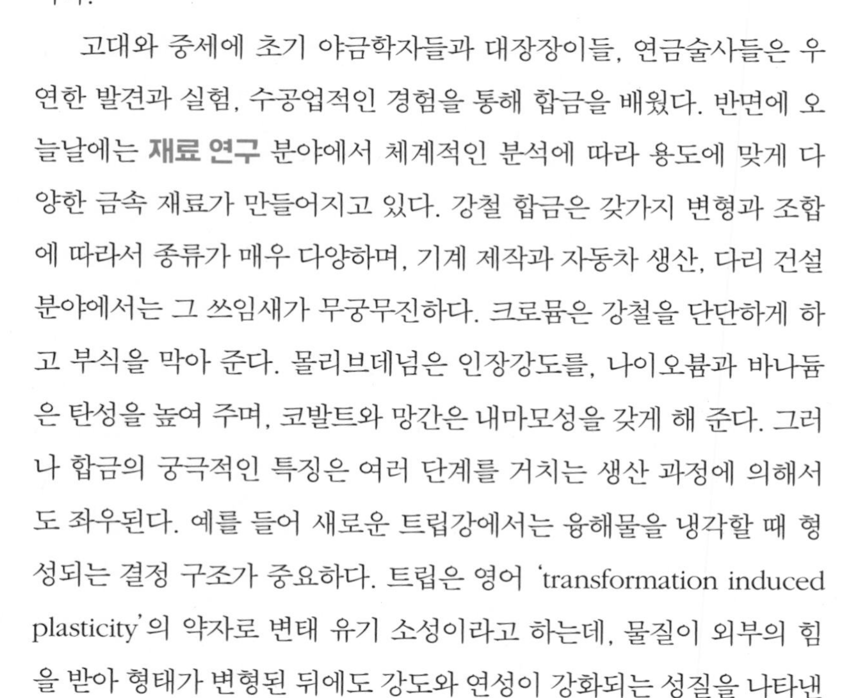

고대와 중세에 초기 야금학자들과 대장장이들, 연금술사들은 우연한 발견과 실험, 수공업적인 경험을 통해 합금을 배웠다. 반면에 오늘날에는 **재료 연구** 분야에서 체계적인 분석에 따라 용도에 맞게 다양한 금속 재료가 만들어지고 있다. 강철 합금은 갖가지 변형과 조합에 따라서 종류가 매우 다양하며, 기계 제작과 자동차 생산, 다리 건설 분야에서는 그 쓰임새가 무궁무진하다. 크로뮴은 강철을 단단하게 하고 부식을 막아 준다. 몰리브데넘은 인장강도를, 나이오븀과 바나듐은 탄성을 높여 주며, 코발트와 망간은 내마모성을 갖게 해 준다. 그러나 합금의 궁극적인 특징은 여러 단계를 거치는 생산 과정에 의해서도 좌우된다. 예를 들어 새로운 트립강에서는 융해물을 냉각할 때 형성되는 결정 구조가 중요하다. 트립은 영어 'transformation induced plasticity'의 약자로 변태 유기 소성이라고 하는데, 물질이 외부의 힘을 받아 형태가 변형된 뒤에도 강도와 연성이 강화되는 성질을 나타낸

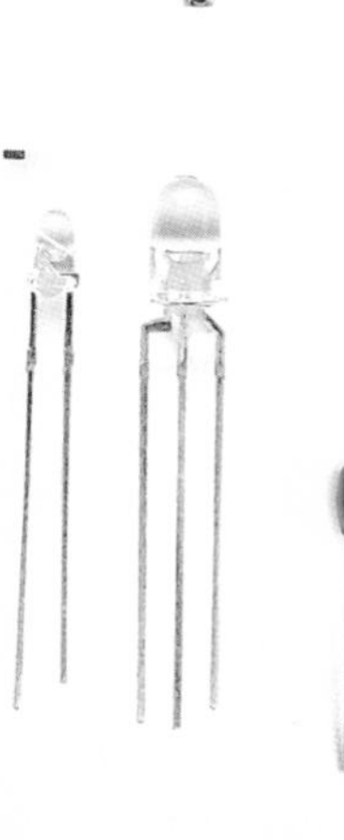

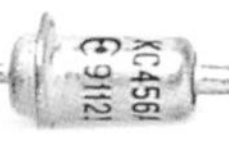

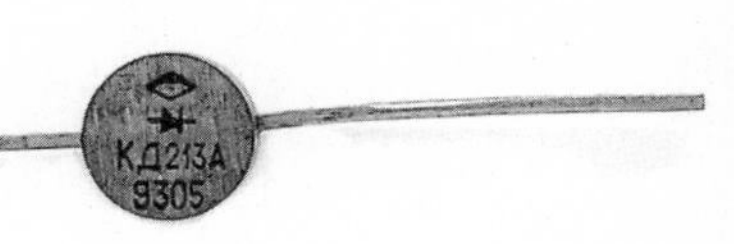

다. 이 트립강은 가볍고 단단하면서도 연성이 강해서 자동차 산업에서 수요가 높다. 연성을 더 높이는 작업도 이미 진행되고 있다. 때로는 재료 연구가들조차 깜짝 놀라곤 한다. 강철 합금의 또 다른 가능성에 대한 연구가 아직 다 끝나지 않은 데다, 플라스틱과 탄소로 된 다양한 신소재들이 탄생하고 있음에도 아주 오래된 강철이 여전히 자기 자리를 굳건하게 지키고 있기 때문이다.

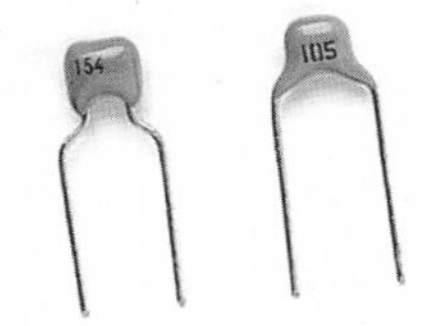

주기율표에는 현대 기술에서 중요하게 쓰이는 흥미로운 원소들이 대각선 배열로 자리 잡고 있다. 붕소, 규소, 저마늄, 비소, 텔루륨 등의 반금속이다. 예전에는 준금속이라고 불렀지만, 오늘날의 물리학자들은 포괄적인 명칭을 선호해 **반도체**라고 부른다. 금속은 전기가 통하지만 비금속은 통하지 않는다. 반도체의 전도율은 금속과 비금속의 중간 정도이고, 낮은 온도에서는 전기가 거의 통하지 않지만 높은 온도에서는 잘 통한다. 그래서 전자 부품을 만들 때 매우 중요한데, 특히 규소와 저마늄이 많이 사용된다. 반도체에는 금속처럼 자유롭게 움직이는 전자들이 없다. 전자도 원자와 결합되어 있기 때문이다. 다만 아주 단단하게 결합된 상태는 아니다. 그래서 에너지를 공급해 온도가 상승하면, 원자들이 진동하면서 전자들이 결합에서 풀려나 반도체의 전기 전도율이 높아진다. 반면에 금속은 온도가 높아질수록 전도율이 낮아진다. 이 현상 역시 격자 구조 안에서의 진동으로 설명된다. 진동하는 원자들이 자유 전자들과 점점 자주 부딪치면서 그들의 움직임을 방해하기 때문이다. 규소는 다른 관점에서도 주목할 만하다. 지각 내에서 산

소에 이어 두 번째로 자주 발견되는 원소이고, 지각 무게의 25퍼센트 정도를 차지한다. 자연계에서는 수소, 산소, 탄소와 결합한 화학 결합물의 상태로 존재하며, 암석권의 주요 구성 성분이다.

지금까지 살펴보았듯이 많은 금속이 공통된 특징을 보이지만, 다른 한편으로는 저마다 고유한 특징을 갖고 있다. 금속은 단단하고 내구성이 강하면서도 유연하고, 변형이 가능하며, 탄성이 뛰어나다. 모든 금속은 다 귀중하고, 비금속의 왕이라 불리는 나무와는 달리 키워서 얻을 수 있는 자원이 아니다. 금속은 자유 전자들을 통해서 전기와 자기라는 신기한 힘도 흐르게 한다. 200년 전만 해도 엄청난 수수께끼로 보였던 그 현상을 마지막으로 잠시 살펴보기로 하자.

전기와 **자기**에 대한 연구는 19세기에 들어서 체계적으로 이루어졌다. 그 전까지는 호박(나무의 진이 땅속에 묻혀 오랫동안 돌처럼 단단하게 굳어진 누런 광물)과 유리, 털가죽을 비벼서 발생한 마찰 전기를 '레이던병'이라는 유리병에 모았다. 사람들은 섬광이 번쩍이거나 귀부인들이 레이던병 전류에 놀라는 모습을 보며 즐거워했다. 하지만 전기는 여전히 머리카락이 쭈뼛 서는 위험한 현상이었다. 반면에 자기는 어느 정도 이용되고 있었다. 뱃사람들은 나침반을 보면서 항로를 결정했다. 그러다가 1800년 이탈리아의 물리학자 알레산드로 볼타가 최초의 전지인 볼타 전지를 발명했다. 그는 구리판과 아연판 사이에 소금물이나 황산 용액에 적신 천 조각을 넣어 여러 겹으로 층을 쌓았다. 이는 근본적으로 전기가 물처럼 흐르는 전류라는 사실을 발견한 것이다. 이때 사용된 금속은 1차 도체였고, 액체는 2차 도체였다. 볼타는 금속을 전압에 따라 분류했고, 전기 현상을 본격적으로 연구한 최초의 학자였다. 그로부터 약 20년 뒤에는 덴마크 자연과학자이자 물리학자인 한스 크리스티안 외르스테드가 또 다른 획기적인 현상을 발견했다. 실험을 하던 중 전류가 흐르는 도체가 자침[자기장의 방향을 알아내는 데 쓰이는 바늘 모양의 작은 영구 자석]에 영향을 준다는 사실을 알게 된 것이다. 외르스테드는 '전기적 힘과 자기적 힘의 동일성'을 확신했고, 1820년에 자신의 논문 「전기의 충돌이 자침에 미치는 영향에 관한 실험」을 발표했다.

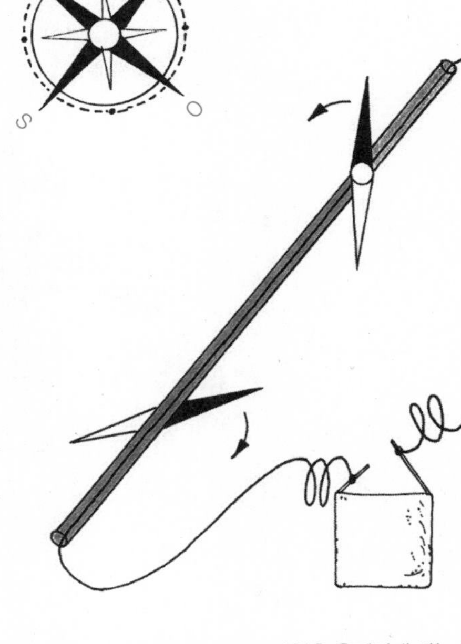

자침을 움직이게 하는 전류

볼타와 외르스테드, 그들의 뒤를 이은 페러데이와 암페어 등의 연구가들은 곧 발전기와 전기 모터, 배선과 전동화의 시대를 열었다. 그때부터는 단순히 금속의 단단한 성질, 즉 다리와 선로, 증기기관에 쓰이는 철과 강철에 대한 수요만 높아진 것이 아니라, 자유 전자들에 둘러싸인 금속 내부의 격자도 중요해졌다. 무엇보다 구리와 은처럼 전기 전도율이 높은 금속 원료의 인기가 높아졌다. 이처럼 금속은 세계를 기술적으로 정복하는 과정에서 이중으로 중요한 재료가 되었다. 재료 연구는 지금도 계속 진행되고 있다.

현장을 찾아서

글뤽 아우프! -라멜스베르크 광산 탐방

우리는 이날의 가장 인상적인 순간을 경험했다. 갱도 안내인이 뭔가를 보여 주려는지 우리에게 말했다. "다들 불을 꺼 주세요." 우리는 이곳에서 '하르츠의 개구리'라는 귀여운 이름으로 불리는 석유램프를 들고 있었다. 어차피 그렇게 밝지 않아서 불을 꺼도 상관은 없었다. 그런데 갱도 안내를 맡은 갱부까지 들고 있던 전기 안전등을 꺼 버렸다. 그러자 지금껏 한 번도 경험해 보지 못한 어둠이 갑자기 우리를 에워쌌다. 어디에서도 어렴풋한 빛조차 전혀 새어 들지 않았다. 순간 두려움과 공포가 일었다. 우리가 산속에서도 얼마나 깊숙한 곳에 들어와 있는지 퍼뜩 떠올랐다. 아주 조용한 곳은 아니어서 어디선가 물 흐르는 소리와 물방울 떨어지는 소리가 끊임없이 들렸다. 많은 것을 깨달은 순간이었다. 우리가 이곳에 온 이유도 중세에 채광 작업을 하던 갱부들이 느꼈을 기분을 조금이라도 경험해 보기 위해서였다.

라트슈티프스터 슈톨렌에서

우리가 지금 와 있는 곳은 고슬라어 시에 있는 **라멜스베르크 광산 박물관**이다. 이 광산은 1992년에 유네스코 세계문화유산으로 지정되었다. 우리는 지금 이 광산의 갱실과 갱도를 지나고 있는데, 한 번에 여덟 명이 넘지 않는 소규모 인원만 갱도를 둘러볼 수 있었다. 지하 탐방의 정점은 **'라트슈티프스터 슈톨렌'**이었다. 길이 1000미터에 이르는 이 수평갱도는 가장 오래된 갱도일뿐만 아니라 가장 좁고 위험한 갱도이기도 하다. 12세기 중반에 갱 안의 물을 밖으로 뽑아내기 위해 만들어진 배수갱인데, 정을 대고 망치로 두들겨 단단한 암석층을 조금씩 뚫으면서 30년에 걸쳐 완성한 것이다. 인간이 귀중한 금속을 캐내기 위해 얼마나 힘든 과정을 거쳐야 했는지 알 수 있었고, 이틀 동안 이 광산을 둘러볼 수 있다는 사실이 무척 기뻤다.

단순히 독일의 광산 한 곳을 탐방하는 것이 목적이었다면, 다른 지역을 선택할 수도 있었을 것이다. 루르 지역에도 폐광이 있고, 에르츠 산맥에 있는 아나베르크부흐홀츠 광산에서도 중세의 수평갱도를 둘러볼 수 있으니 말이다. 그러나 여기 하르츠 산지와 옛 황제의 도시 고슬라어는 채굴이 풍부하게 이루어진 곳으로 지금까지도 잘 알려져 있다. 라멜스베르크 광산에서는 구리, 아연, 납이 채굴되었지만 처음에는 근처 오버하르츠 지역에 은광이 많았고, 주로 은을 채굴했다. 11세기 초 하인리히 2세는 라멜스베르크 광산 바로 근처 고슬라어에 왕궁을 짓게 했다. 그때부터 고슬라어는 독일 왕들의 권력의 중심지로 발전했다. 12세기에는 신성로마제국의 황제인 프리드리히 1세와 작센 공작 하인리히 사자공 사이에 은을 차지하기 위한 싸움이 벌어지기도 했다. 라멜스베르크의 광석으로 만든 가장 유명한 상징물인 **브라운슈바이크 사자상**은 그때 탄생했다. 하인리히 공작은 1166년 그곳에서 채굴한 광석으로 브라운슈바이크에 있는 자신의 당크바르데로데 성 앞에 청동 사자상을 세우게 했다. 이 사자상은 중세 최초의 단독 청동상으로, 길이 2미터 80센티미터에 높이가 1미터 80센티미터에 이르는 주물 기술의 걸작이었다. 포효하는 사자상은 사자공 하인리히를 알리는 최고의 선전물이자 권력의 상징이 되었고, 브라운슈바이크의 상징물이 되었다. 제2차 세계대전이 일어났을 때 이 사자상은 다시 고슬라어로 보

내졌다. 공습으로 파괴되는 것을 막기 위해서 갱차에 실어 라멜스베르크 갱도 안으로 들여보낸 것이다.

우리는 질긴 아마포 작업복과 노란색 장화와 안전모를 착용하고 있었다. 그렇게 제대로 갖춰 입어서 얼마나 다행인지 모른다. 갱도 안에는 물이 있었고, 천장에 안전모가 부딪힐 때가 많았다. 이곳 갱도는 계속 좁았고, 어떤 구간에서는 수평갱도가 깜짝 놀랄 정도로 급격하게 경사져 있었다. 한번은 암석 틈이 비스듬하게 갈라진 것처럼 생긴 아주 좁은 통로도 지났다. 그 길 끝에 방처럼 생긴 곳이 나타났는데, 광석을 채굴하는 작은 갱실이었다. 그곳에는 폭파로 분리한 큼지막한 암석 덩어리들이 놓여 있었다. "아마 갱이 무너질 염려가 있어서 채굴을 중지했던 것 같습니다." 안내인이 설명했다. 실제로 갱실은 그다지 믿음직스러워 보이지 않았고, 어쩐지 으스스하고 함정 같다는 기분이 들었다. 갱부들은 망치로 깎아 낸 광석들을 바구니에 담아 광산 밖으로 날랐다. 그들은 우리가 방금 힘들게 지나온 어둡고 좁은 길을 무거운 바구니까지 들고 지나야 했다. 그들에게 석유램프가 있었을까? 아니, 그런 건 전혀 없었다. 이곳 갱부들은 아주 희미한 불씨만 살아 있는 **송판 조각**을 입에 물고 일했다. 바구니 하나를 운반할 때마다 끝없는 고통과 괴로움의 연속이었을 것이다.

전깃불 아래서는 이 갱도의 가장 아름다운 비밀이 드러난다. 푸른색과 녹색, 흰색이 어우러진 놀랍도록 아름다운 색채가 바로 그것인데, **갱도 벽**이 여러 색을 띤 층으로 두껍게 뒤덮여 있었다. 광석과 물로 이루어진 그 결정체들은 더 아름다울까, 아니면 싸구려일까? 금속들과 황, 산소로 이루어진 화학적 결합물을 **황산염**이라고 부른다. 녹색은 철 황산염, 파란색은 구리 황산염, 흰색은 아연 황산염, 검은색은 망간 황산염이다. 라멜스베르크 광산은 반짝거리는 황산염으로 유명했고, 이 황산염들도 중요한 거래 물품이었다. 황산염들은 고슬라어의 광석을 녹이는 작업장의 커다란 팬에서 생산되었고, 나무통에 채워져 유럽 전역의 염색업자들에게 판매되었다. 무두질 작업장에서도 동물의 가죽을 황산염으로 처리했다. 가루 형태로 된 색채 염료는 그보다 뒤에 생산되기 시작했다. 라멜스베르크 광산은 산 전체가 다채로운 황산염을 가득 품은 화학 칵테일이었다. 그것은 오랜 옛날부터 매혹적이었고, 동시에 독성이 있었다. 갱에서 흘러나오는 물에는 다량의 황산이 포함되었을 수 있다. 그래서 16세기의 한 연대기 작가는 고슬라어 근처의 오커 강에 대해 이렇게 썼다. "3킬로미터 내에 물고기가 전혀 살지 않았고, 강물에 앉았던 야생 거위는 몸이 마비되어 다시는 날아갈 수 없었다."

라멜스베르크 광산은 **기사 람**Ramm의 오래된 전설에서 시작된다. 기사 람이 사냥을 나갔는데, 타고 있던 말이 갑자기 조바심을 내며 바닥을 마구 파헤쳤다. 내려서 살펴보니 반짝거리는 은 광맥이 드러났다. "람 에크베르트는 즉시 산을 파헤쳐 갱을 파기 시작했다. 그러나 낮에 만든 갱은 저녁이면 무너졌다." 람의 말이 발견한 것은 광석층이 지표면 가까운 곳까지 닿아 있는 부분인 '노두'였다. 전설 속 이야기는

과학적 연구로도 확인되었다. 라멜스베르크에서는 처음에 노천 채광이 이루어졌는데, 시기적으로는 10세기보다 훨씬 이전부터였다. 광산 주변 지역과 수많은 제련소 부근에서 발견된 고고학적 유물들을 토대로 볼 때, 청동기 시대에도 광석이 채굴된 것으로 확인되었다.

지표면에서 가까운 광상을 발견하는 일은 어렵지 않았다. 땅속에 있는 중금속은 식물들에게 해로웠다. 따라서 주변에 식물이 별로 없고 암석들의 색이 눈에 띄게 다르다면, 그것은 풍부한 광맥이 있다는 뚜렷한 표시가 될 수 있었다. 그런 곳에서는 광맥을 찾는 데 쓰이는 마술 막대도 필요하지 않았다. 수맥이나 광맥을 찾는 많은 사람들이 그런

광산의 땅속으로 들어가는
여러 가지 방법

막대를 사용했지만, 유명한 광산학자인 **게오르기우스 아그리콜라**는 그렇지 않았다. 그는 사후 1556년에 나온 저서 『금속에 관하여』*De re metallica*에서 다음과 같이 얘기했다. "우리가 원하는 광부는 경건하고 진중한 사람이어야 하기에, 진정한 광부는 마술 막대를 사용하지 않는다. 또한 사물의 본질을 알고 이해하는 사람일 테니 마술 막대가 아무 소용이 없다는 사실도 잘 안다."

그런데 기사 람의 말이 발견한 그 노두는 약 3억 5000만 년 전의 고생대를 돌아보게 한다. 물에 살던 네발 동물이 육지로 기어 올라와 무척추 동물과 어류의 시대를 이룬 **데본기**에 라멜스베르크 광산의 광석층이 생성되었다. 그것은 다름 아니라 지구의 '날숨', 분출이었다. 데본기에는 라멜스베르크 광산의 모든 것이 물속에 있었다. 하르츠 산지는 없었고 해저 분지였다. 수백만 년이 흐르는 동안 태고의 그 해저에 모래와 흙, 암석, 금속을 함유한 광물들이 축적되었고, 그것이 지각의 이동과 변동을 증폭하면서 단층들이 형성되었다. 그래서 해저 밑 깊은 지층에서 액체로 된 물질인 마그마가 위로 올라올 수 있었다. 그처럼 해저는 화산이 활동하는 지역이었고, 오늘날 하르츠 산지가 있는 이곳도 마찬가지였다. 해저에서 솟

구치는 간헐천들은 광물들을 위로 토해 냈다. 이 광물들은 계속 쌓이면서 자체 무게와 수압에 의해 단단하게 굳었다. 뜨거운 마그마와 함께 금속들도 지표면으로 올라왔다. 지구가 격렬하게, 거의 쉴 새 없이 숨을 내쉬는 곳에는 모래와 점토와 뒤섞여 광석을 함유한 층이 형성되었다. 그렇게 광물이 묻혀 있는 부분을 **광상**이라고 하고, 그런 곳을 발견하면 사람들은 무척 기뻐한다.

그러나 기사 람의 말이 그런 광상을 발견하기까지는 또 한 번의 강력한 지질 활동이 필요했다. 약 3억 년 전인 석탄기에 유럽 대륙은 지층이 물결 모양으로 주름지는 습곡을 형성했다. 그 결과 너비 500킬로미터의 산맥대가 생겨났는데, 하르츠 산지와 영국 남부의 일부, 프랑스의 중앙 산지, 폴란드 중부 산맥, 슈바르츠발트와 튀링거발트, 에르츠 산맥이 거기에 속한다. 암석층이 융기했고, 부서지면서 비스듬하게 경사를 이루었다. 풍부한 광물을 함유한 라멜스베르크 광상 두 곳도 점차 수직으로 부서졌다. 그중 하나는 지표면에 가깝게 부서졌는데, 그곳이 지하에 보물이 숨겨져 있음을 드러내는 노두였다. 그 과정에서 높은 온도와 압력이 발생했고, 암석과 광물들은 다시 한 번 완전히 새롭게 합쳐졌다. 오늘날 고슬라어 구시가지의 지붕들을 덮고 있는 점판암도 그때 생겨났다.

첫 번째 위험과 성녀 바르바라

광산에는 밝은 대낮에는 상상하지 못하는 많은 위험이 도사리고 있었다. 갱도가 무너지는 것은 그중 하나에 불과했다. 그러나 중세의 광부들에게는 그들의 수호성인인 성녀 바르바라가 있었다. 성녀 바르바라는 갑작스러운 죽음의 위험을 알았다. 광부들에게는 빛을 가져다주고, 위기에서 구하고, 위안을 주는 인물로 여겨졌다. 광부들은 성녀 바르바라에게 기도하고 소원을 빌었다. 성녀 바르바라에 관한 전설은 수없이 많다. 바르바라의 아버지 디오스코루스는 그리스 출신의 상인으로 소아시아 니코메디아에 살았다. 그는 딸이 기독교로 개종하고 세례를 받자, 306년에 딸의 목을 베어 죽였다. 그러나 바르바라에 관한 이야기는 역사적으로 불분명하다. 광부들은 경건하고 신앙심이 깊은 사람들이었다. 그래서 예전에는 광산에 작은 예배당들도 있었다. 광부들은 갱으로 들어가기 전이나 무사히 밖으로 나온 뒤 그곳에서 예배를 올리고 기도했다.

두 번째 위험과 광부 조합

점진적인 신체 쇠약과 질병, 사고 등으로 광부들은 다른 직업 종사자들에 비해 수명이 훨씬 짧았다. 대신에 그들은 단결력이 매우 강했다. 광산 지역에서 일하는 노동자들은 중세 때부터 이미 '크납샤프트'Knappschaft라고 불리던 광부 조합을 결성했다. 티롤과 에르츠 산맥, 하르츠 산지와 루르 지역에 결성된 이들 조합은 아주 일찍부터 사회보험제도를 도입했다. 그들은 병원을 짓고 의료 활동을 조직했으며, 사고 보상 보험을 만들어 유가족의 생활을 보장해 주었다. 조합은 나중에 광부들에게 대출도 해 주었고, 광산 지역에 주택을 짓게 했다. 광부 조합은 2010년에 사회보험 도입 750주년을 기념하는 성대한 행사를 열었다.

이곳 좁은 갱도를 기듯이 걷는 동안 우리는 지질학적 시간대에 들어와 있는 것이나 다름없었다. 또한 이곳 박물관에 전시된 수많은 광물들은 지구의 화학 작용을 보여주는 증거들이다.

지표면 근처까지 뻗어 있던 라멜스베르크 광산의 '옛 매장지'는 광석층 두께가 30미터에 너비는 500미터였다. 지하 갱도의 길이는 300미터에 달했다. 그러다가 1859년에 광부들이 새로운 갱도를 탐색하던 중에 '새 매장지'를 발견했다. 위치는 땅속 30미터 지점이었는데, 광석층 두께가 50미터에 너비는 마찬가지로 500미터였다. 수직 갱도의 길이는 450미터에 달했다. 그로써 라멜스베르크 광산은 세계 최대 금속광석 매장지가 되었다. 매장량은 2700만~3000만 톤으로 추정되었다. 구리, 아연, 납이 풍부했고, 약 30여 종의 미량원소도 포함하고 있었다. 금과 은도 매장되어 있었지만 양은 많지 않았다. 납은 15세기에 유럽 전역에서 은을 추출하는 데 쓰이는 가장 중요한 금속이 되었다. 납을 이용해 구리 광석에서 은 성분을 추출할 수 있었다. 라멜스베르크에는 은의 매장량이 많지 않았지만, 새로운 처리 방법 덕분에 은을 채굴하는 것도 경제성이 있었다. 다만 그곳의 광석은 무척 단단했기 때문에 모든 과정이 훨씬 더 힘들었다. 게다가 서로 다른 광물들이 바로 옆에 다닥다닥 붙어 있어서 보기에는 아름다웠지만 채광해서 이용하기는 어려웠다.

이 대목에서 우리를 깜짝 놀라게 하는 또 다른 이야기가 시작된다. 바로 **불을 피워 채광**하던 이야기다. 수천 년의 채광 역사라고 하면, 이곳 고슬라어에서는 수천 년 동안 갱도 안에 불을 피웠다는 것을 의미한다. 암석이 너무 단단해서 망치나 곡괭이로 바로 캐낼 수 없었기 때문이다. 광산에서 갱도와 벽을 지탱하고, 발판과 운반 장치, 물레방아를 만들려면 어차피 나무가 필요했다. 그런데 그보다 훨씬 많은 양의 나무를 갱 안으로 끌어갔고, 캐내려는 광석층 바로 옆에 그 나무들을 차곡차곡 쌓아 올린 뒤 불을 질렀다. 광석에 뜨겁게 타오르는 나무의 열기를 계속해서 쬐면, 그다음은 물리학적으로 저절로 해결되었다. 광석이 팽창하면서 부서지고 갈라지는 곳들이 생기는 것이다. 갱도는 뜨거운 열기와 연기로 가득했다. 열기가 어느 정도 식고 연기가 다 빠져나가면 광부들은 그제야 아랫도리만 걸치고 들어와서 망치로 광석을 캐기 시작했다. 작업 시간이 끝나 교대할 때면, 땀으로 범벅이 된 온몸에 먼지와 그을음이 잔뜩 달라붙어 있어서 나무 자로 긁어내야 간신히 떨어졌다. 17세기 들어 다른 곳의 광산들은 흑색화약을 써서 폭파시키는 방법으로 좋은 경험을 얻었지만, 라멜스베르크 광산은 1875년까지 불을 피워 채광하는 방식을 고수했다. 다만 광석층이 조금 더 무른 곳에서는 발파를 했는데, 1800년 이후부터는 땔감이 빠듯해졌기 때문이다. 이곳에서는 나무가 없는 채광은 생각할 수도 없었다. 그래서 헐벗

1809년 라멜스베르크 광산에서 손님들을 초대해 갱도에 불을 피우는 장면을 선보였다.

광산의 탈의실 겸 샤워실

은 하르츠 산지에 대규모 조림 사업도 시작되었다.

갱도 탐방의 마지막 구간에서 우리는 철제 사다리를 타고 40미터 위로 올라갔다. 아찔한 높이라서 절대 아래를 보면 안 된다. 드디어 다시 지상으로 올라왔다. 우리는 넓은 **탈의실 겸 샤워실**Waschkaue에서 우리가 착용했던 장비를 내려놓았다. 이곳에는 광부들의 옷을 담은 바구니가 천장에 매달려 있었다.

다음 날 일정은 더 편안했다. 우리는 덜커덩거리는 광차를 타고 몇 분 만에 지하 500미터까지 내려갔다. 지하 갱 안에 작은 기차역처럼 넓은 갱도가 있는 현대식 광산의 모습이었다. 여기서는 광부들의 작업도 중세 때보다 훨씬 수월했을까? 그렇진 않았을 것이다. 암석에 구멍을 뚫는 공기착암기 소리만 들어도 귀가 멍멍해진다. 보통 1미터 깊이까지 구멍을 뚫은 다음 구멍에 폭약을 넣고 발파한다고 했다. 구멍 뚫는 작업에 투입된 광부들은 일을 끝내고 교대한 뒤에도 한동안은 귀가 들리지 않는단다.

라멜스베르크 광산은 1988년까지 가동되었다. 그보다 훨씬 전에도 폐광 직전까지 간 적이 있었다. 매장량이 줄어든 데다 1929년에 발생한 세계적인 경제 공황의 여파로 금속 가격까지 하락했기 때문이다. 1932년 라멜스베르크 광산은 파산 직전까지 와 있었다. 그런데 히틀러가 정권을 잡으면서 경제성과는 상관없이 하나의 길이 열렸다. 히틀

러와 나치스는 독일의 금속 채광에 관심이 컸고, 정권을 잡은 초기부터 앞으로의 전쟁을 대비한 자원 확보를 염두에 두고 있었다. 독일군이 재무장하기 위해서는 금속이 꼭 필요했던 것이다. 광산의 여러 시설을 현대적으로 개조하는 데 막대한 자금이 필요했는데, 히틀러는 브라운슈바이크 국립은행에 이를 지원하라고 명령했다. 그러한 현대화의 핵심은 1936년부터 가동이 시작된 새로운 선광장이었다. 선광은 큼지막한 광석 덩어리를 기계적, 물리화학적 방법을 동원해 불순물을 제거하고 미세한 금속 가루 상태로 농축하는 과정이다. 그렇게 얻어진 정광은 가공을 위해 제련소로 운반된다. 그 선광장은 기술적인 기념비로서 현재 이곳 박물관의 대표적인 볼거리 중 하나이다. 박물관의 전체적인 외형을 특징짓는 시설이며, 지금도 예전처럼 완전한 가동 능력을 갖추고 있다.

이날 오후에는 햇빛이 선광장의 넓은 홀 안을 환히 비추었다. 우리는 5층에 걸쳐 설치된 거대한 기계 공원을 둘러보았다. 신비한 아름다움이 느껴지는 곳이었는데, 정교하게 고안한 이런 시설을 통해서 광산에 남은 마지막 광석까지 전부 캐낸 것이다. 기계를 좋아하고 튼튼한 기계들의 작동 방식에 관심이 많은 사람이라면 시간 가는 줄 모르고 구경할 수 있을 것이다. 이 시설이 나치에 의해 만들어졌다거나 폭력적일 만큼 참을 수 없는 소음과 먼지가 발생한다는 사실, 엄청난 양의 물과 에너지를 사용한다는 사실도 잠시 잊을지 모른다. 운반기계는 지하 500미터에 있는 축구공 크기의 광석 덩어리들을 끌어올렸다. 그러면 그것들을 쪼개고, 부수고, 갈고, 녹여서 약 0.04밀리미터의 미세한 입자로 만드는 작업이 이루어졌다. 선광장은 거대한 파괴 시설인 동시에 선별 시설이었다.

우리는 꼭대기에서 1층으로 내려왔다. 다들 숨이 차서 헉헉거리고 있는데, 또다시 굉장히 집중해야 하는 안내가 이어졌다. 채광장에서 작은 광차에 실어 보낸 광석 덩어리들은 이곳에 도착해 궤도를 타고 이동하다가 거대한 **조 크러셔**jaw crusher[커다란 원석을 초벌로 굵직하게 깨는 기계로, 양쪽에 있는 강철판jaw 사이에 재료를 넣어 압착한다.] 안에 자동으로 쏟아졌다. 그러면 일단 광석 덩어리들은 강력한 강철판에 의해 적당한 크기로 부서졌다. 이렇게 부서진 조각들은 아래로 떨어져 다음 단계로 넘어간다. 그곳에서 **자이러토리 크러셔**gyratory crusher[회전하면서 큰 덩어리를 잘게 파쇄하는 기계로, 원뿔형 파쇄실이 있다.]와 **볼 밀**ball mill[원통 안에 강철로 된 볼이 들어 있어서 원료를 넣고 돌리면 부딪치고 마찰하면서 분쇄된다.]을 차례로 거쳐 미세한 알갱이 상태가 된다. 그 다음은 **부유선광**[잘게 분쇄된 광석의 혼합물에서 원하는 광물만 물이나 액체의 표면에 띄우거나 기름층에 포함시켜 다른 광물로부터 분리하는 방법] **수조**에 광석 가루를 넣고 물과 기름을 섞어 액체로 만든 다음 여러 화학 약품과 산소를 혼합한다. 여기서 서로 다른 광석 알갱이들이 분리되는데, 무거운 입자들은 분리 수조에 가라앉고, 더 가벼운 입자는 넘쳐흐른다. 그러면 이 설비의 가장 아래층에 고운 알갱이 형태의 금속 침전물이 당도해 연속 진공 원통형 여과기로 보내진다. 그 안에서는 저압으로 금속 침전물의 물기가 제거된다. 분리된 광석 입자의 잔여 수분이 약 10퍼센트 정도로 줄어들면, 다음 처리 과정을 위해 제련소로 옮길 준비를 마친 것이다. 이제 화물 열차에 실어 운반하면 끝이다.

라멜스베르크 광산 전경. 왼쪽이 발전소, 가운데가 선광장이며, 오른쪽 위로 보이는 것은 운반 탑이다.

오랜 세월 이어져 온 채광의 역사를 이틀 동안 둘러보았더니 머리가 다 어지러웠다. 이제 마지막으로 박물관 상점에 들어가 라멜스베르크 광산의 반짝이는 광석 조각 하나를 기념품으로 구입했다. 여기서는 헤어질 때도 만날 때처럼 **글뤽 아우프!**(광산에서 일하는 갱부들의 인사말로, 무사히 위로 올라가자라는 의미를 담고 있다.) 하고 인사한다.

Glück auf!

선광장의 내부 시설

알아보기

아말감에서 하르처 롤러까지

금속의 세계에서 사용하는 개념들 1

아말감

수은이 주성분인 합금으로, 주로 치과에서 충치로 생긴 틈이나 구멍을 메우는 충전재로 사용한다. 한편, 아말감법은 수은을 이용해 광석에서 순수한 금과 은을 얻는 방법을 가리킨다. 가열해서 수은을 증발시킬 때 독성이 강한 증기가 발생한다.

납 감옥

이탈리아 베네치아의 두칼레 궁전과 연결된 피옴비 감옥을 말한다. 좁은 감방의 천장을 납으로 만들어 햇볕이 내리쬐면 감방 안이 참을 수 없는 열기로 가득했다. **자코모 카사노바**는 1755년 이 감옥에 갇힌 가장 유명한 죄수였다.

납틀 유리

아직은 대형 유리판을 생산하기 어려웠던 중세 때 인기가 높았던 기술이다. 부드럽고 형체를 만들기 쉬운 납을 이용해 작은 유리판들을 하나로 이어 붙였다. 대성당들의 한쪽 벽면을 화려하게 수놓은 형형색색의 스테인드글라스도 이 기술로 만들어졌다.

유색금속

철을 제외한 구리, 납, 아연 등의 금속을 통칭하는 말로 **비철금속**이라고도 한다. 그러한 금속을 함유한 광석이 다채로운 색을 띠는 데서 유래한 이름이다.

귀금속

금, 은, 백금, 수은 등의 금속이다. 일반 금속과 달리 공기 중에서 잘 산화하지 않고, 공격적인 산 종류와 결합해 화학 작용을 일으키는 일도 적다. 다시 말하면 부식하지 않고 화학적 변화를 일으키지 않기 때문에 가치가 높다.

광석

우선은 금속을 함유한 **광물**이라는 뜻이다. 그러나 그 광물이나 암석이 채광할 만한 경제적 가치가 있을 때 비로소 광석이라고 부른다. 광석층이 형성된 모양에 따라서 암석의 갈라진 틈에 광물이 묻혀 있는 광맥과 주머니 광상, 줄무늬 광상 등이 있다. 여러 광석층의 형성과 퇴적은 지질학적 과정 속에서 석탄이나 석유, 소금과는 전혀 다르게 진행되었다.

트로이온스

뉴스에서 **금값**에 대한 소식을 전할 때 종종 들을 수 있는 말이다. 트로이온스는 금이나 다른 귀금속의 무게 단위이다. 골드바, 금화나 은화, 보석 등에서 다른 불순물이나 혼합물을 제외한 순수한 귀금속 성분만을 나타낸다. 1트로이온스는 순금 31.1그램이며, 값은 1200유로를 웃돈다.

아연도금

철과 강철로 된 부품이 부식되는 것을 방지하기 위해서 사용하는 매우 효과적인 방법이다. 융해된 아연에 부품을 담그면 단단한 아연층이 생성되어 오랫동안 부식을 막을 수 있다. 그러나 구멍을 뚫어 도금층을 손상시키는 일은 피해야 한다. 아연도금을 한 부품들은 처음에는 반짝이다가 몇 주 지나면 광택이 없어진다.

플렉스

오늘날 독일 가정집에서 다용도로 쓰이는 만능 공구로, 갈고 자르고 구멍을 뚫을 수 있다. 플렉스를 사용하는 사람들은 그걸로 무엇이든 다 만들어 주겠다고 말한다. 플렉스는 회전하는 연삭 원반이 달린 휴대용 **앵글 그라인더**로 금속용 전기톱이라고 할 수 있다. 독일에서는 플렉스 전동 공구 회사에서 처음 생산되어 플렉스라는 상표가 앵글 그라인더를 통칭하게 되었다. 공작물의 재료에 따라 금속이나 돌로 된 원반을 끼운다. 작동을 시작하면 고속으로 회전하기 때문에 불꽃이 인다. 난폭한 기계라서 잘 다룰 줄 아는 사람만 보호 안경과 안전한 복장을 갖추고 사용해야 한다.

하르처 롤러

하르츠 지역에서 나오는 치즈 종류이며, 냄새를 맡으면 알 수 있듯이 금속과는 아무런 상관이 없다. 그러나 하르처 롤러Harzer Roller는 그 지역 광부들이 좋아하는 노란색 **카나리아**의 이름이기도 하다. 광부들은 그 작은 새를 키웠고, 새들의 아름다운 노래를 들으며 기뻐했다. 주변이 온통 캄캄한 갱에서 작업을 끝내고 나왔을 때, 새들이 들려주는 청아한 소리가 크나큰 위안이 되었다. 그래서 광산 주변에서 하르처 롤러를 팔아 부수입을 얻는 사람도 많았다. 그런데 이 새들을 갱 안으로 데려가는 광부들도 있었다. 새들의 노래가 들리지 않으면, 그것은 산소가 부족하니 즉시 밖으로 나가야 한다는 경고 신호였다.

산업화를 이끈 강철

퍼들법에서 아크방전에 이르기까지

브란덴부르크는 베를린 남서쪽으로 하펠 강 연안에 자리 잡은 인구 7만의 도시이다. 오늘날 이 도시를 돌아다니다 보면, 여러 곳에서 산업의 전통을 떠올리게 하는 건물들을 만날 수 있다. 한때 동독의 축구 리그인 DDR 오버리가에 속했던 이곳 축구 클럽은 '슈탈 브란덴부르크'〔강철 브란덴부르크〕이고, 경기장 옆에는 다목적 홀 '슈탈팔라스트'〔강철 궁전〕가 있다. 브란덴부르크 제철소는 동독 시절 대규모 금속 생산 공장 중 한 곳이었다. 직원 수가 1만 명에 달했던 제철소는 1993년에 완전히 문을 닫았다. 그로써 사업가 루돌프 베버가 1913년 자르 강변에서 시작해 하펠 강 유역까지 확장한 강철 제국의 역사도 막을 내렸다. 지금 브란덴부르크에는 몇몇 새로운 기업이 들어와 있다. 이탈리아 철강 기업 리바가 전기 제철소를 가동하고 있고, 자동차 변속기를 생산하는 ZF사, 하이델베르크 인쇄기 회사, 보슈 태양광 설비 공장이

기술적 기념비
브란덴부르크 산업 박물관에 있는 노爐 작업장 위쪽의 평로(지멘스-마르탱로)

들어와 있다. 예전에는 아라도 항공기 제작사가 이곳에 있었고, 브레나보어는 1930년대 초반까지 중요한 자동차 회사였다. 오펠은 제2차 세계대전 중에 현대식 공장에서 소형 화물차 오펠 블리츠를 대량으로 생산해 독일군에 납품했다. 이 공장들은 전쟁이 끝날 무렵 연합군의 폭격으로 파괴되었다.

우리는 오른쪽으로 방향을 틀어 **산업 박물관**으로 향했다. 평평하고 황량한 부지에 자리 잡은 건물 안으로 들어서자, 길이 420미터에 너비 60미터, 높이 30미터의 거대한 홀이 나왔다. 1954년 신생 동독에서 '인민 소유의 공장'으로 생산을 재개한 제철소의 중앙 홀이었다. 지금은 이 홀 길이의 350미터 이상이 '브란덴부르크 재활용장'에 속한다. 각종 쓰레기와 고철을 받아들여 재처리를 위한 분류 작업을 수행한다. 옛 중앙 홀의 나머지 60미터가량 되는 공간에는 산업 박물관이 들어서 있고, 우리가 오늘 살펴보려고 하는 기술적 기념비도 거기에 있었다. 19세기에 발명된 **지멘스-마르탱 평로**로, 높은 품질의 다양한 강철을 대량으로 생산할 수 있었다. 박물관 홀로 들어오는 사람은 곧바로 그 강철 용광로에 시선을 빼앗긴다. 잔뜩 녹슨 인상적인 구조물로 곳곳에 통풍구와 배관 장치, 받침대들이 설치되어 있다. 높이 15미터에 폭은 30미터이며, 홀에 나란히 세워져 있던 열두 개 용광로 중에서 하나만 남아 있다.

길가의 보석
베를린의 역사적인 주철 펌프의 세부 장식

철과 **강철**은 산업화 시대를 특징짓는 건축 자재였고, 19세기에 점점 더 대량으로 생산되었다. 특히 강철은 완전히 새로운 가능성을 열어 주었다. 강철은 단련하고 변형할 수 있었으며, 탄성도 더 강했다. 또한 생산 방식을 정확하게 조절하면 용도에 맞는 특징을 얻을 수도 있었다. 그러나 강철 생산, 무엇보다 대량 생산은 결코 쉽지 않은 과제였다. 점점 규모가 커진 용광로에 철광석을 넣고 석탄과 코크스로 가열하면, 철광석이 녹으면서 선철이 흘러나왔다. 이 선철은 탄소 성분을 2~5퍼센트가량 함유하고 있다. 흰색을 띠는 백선철에는 탄화물의 형태로 탄소가 결합되어 있고, 회선철에는 부분적으로 탄소가 없다. 여러 번의 용해 과정을 거쳐 회선철에서 불순물을 제거하면 주철이 만들어진다. 주철은 인기 높은 건축 재료였다. 온갖 종류의 기둥과 버팀대를 주철로 만들었다. 기둥머리를 장식하는 경우도 많아서, 벽으로 둘러싸는 다른 기둥들과는 달리 날렵한 모습을 드러냈다. 그러나 주철은 진동에 쉽게 부서지는 중대한 단점이 있었다. 그 때문에 주철의 미래는 밝지 않았다. 오래된 다리나 문화재로 보호되는 지하철역 안에서는 주철로 만든 근사한 건축물의 일부를 볼 수 있지만, 지금은 더 이상 건축 자재로 쓰이지 않는다.

퍼들로

고열로 단련해서 변형할 수 있는 철을 얻으려면 선철에 함유된 탄소의 양을 2.3퍼센트 이하로 줄여야 했다. 철에 함유된 탄소 성분을 줄일수록 강철에 가까워졌다. 지금은 탄소 함량이 2.06퍼센트 이하면 강철이라고 하는데, 예전 기준은 그보다 낮은 1.7퍼센트 이하였다. 그렇다면 어떻게 선철에서 탄소를 제거할 수 있을까? 정련을 통해 가능한데, 선철에 산소를 주입하는 일종의 산소 요법이다. 1784년에 영국의 제철 기술자 **헨리 코트**가 이 **퍼들법**을 발명해 처음으로 선철에서 상당량의 강철을 얻을 수 있었다. 그러나 이 방법은 정련 과정에서 끓는 쇳물을 끊임없이 휘저어야 했기 때문에 무척 힘들었다.

퍼들로에서는 얕은 웅덩이처럼 생긴 용기에 선철을 넣고 융해했다. 영어 단어 puddle이 물웅덩이를 뜻하기 때문에 퍼들법이라는 이름이 붙었다. 녹은 선철에 뜨거운 불꽃 가스를 주입하면, 그 안에 포함된 산소가 선철 속의 탄소를 연소시켰다. 쇳물을 휘저으면 철 위에 떠 있는 찌꺼기들이 뒤섞였고, 산소도 선철에만 작용할 수 있었다. 그런 식으로 선철 쇳물을 24시간 휘저으며 정련하면 찌꺼기들이 제거되었다. 그제야 비로소 쓸모 있는 강철이 만들어졌고, 그렇게 만들어진 강철은 단련하고 압연할 수 있었다. 그러나 날로 증가하는 수요를 감당하기에는 생산량이 턱없이 부족했다. 그래서 강철은 값비싼 재료가 되었다. 숙련된 퍼들 제련공의 인기는 높아졌고, 영국 제련공들이 최고 실력자로 꼽혔다. 그들은 이웃 나라에서도 매력적인 제안을 받았다. 그러나 18세기 중반까지 퍼들법 이외에 더 나은 강철 제련법은 개발되지 못했다. 그에 반해 광석 제련법, 즉 광석에서 선철을 얻는 방법에서는 상당한 진전이 이루어졌다. 고로[철광석에서 선철을 만들어 내는 원통형의 높은 용광로]의 구조는 점점 더 정교해졌고, 얼마간 과도기가 지난 뒤에는 또 하나의 개선책이 도입되었다. 제련에 쓰이는 연료가 목탄에서 석탄으로 대체되었고, 석탄이 고로에 적합한 원료가 되었다. 그것은 완전히 새로운 기술이었고 중대한 결과들을 불러왔다. 그때까지 목탄을 연료로 사용해 소규모로 운영되던 제련소들은 더 이상 살아남지 못했다. 나무 가격은 변동이 심하고, 벌채는 시기적으로 제한을 받았으며, 숲에서 숯을 만들던 사람들도 생산량을 늘릴 수 없었기 때문이다. 석탄과 코크스는 훨씬 믿을 만한 연료였다. 따라서 이제는 석탄과 광석이 어디에 매장되어 있느냐가 점점 더 중요한 문제로 떠올랐다. 또한 그 두 가지를 같은 곳에서 얻을 수 있느냐가 매우 중요해졌다. 1815년에 프랑스의 한 제련업자는 지질학적으로 축복받은 영국인들

유동로

오랜 옛날에는 어떤 방법으로 철광석에서 철을 얻었을까? 초기에는 진흙과 점토, 돌멩이로 원통형의 작은 직립형 고로를 만들었고, 이런 형태는 16세기까지 약 3000년 이상 사용되었다. 고로 안에 연료인 나무나 목탄을 철광석과 교대로 층층이 쌓아 올린 다음, 노의 하부에 만든 송풍구를 통해 공기를 안으로 불어넣어 연소시켰다. 노 안에서 일어나는 일은 그렇게 복잡하지 않았다. 노 안의 온도는 약 1200도까지 올라갔는데, 철이 녹는 온도에는 미치지 못했다. 그러나 그것이 장점이기도 했다. 철이 완전히 녹았다면 주철을 얻게 되어 단련할 수 없었기 때문이다. 광재[광석을 제련할 때 남는 찌꺼기로, 슬래그, 용재, 고로재 등 여러 이름으로 불린다.]는 액체가 되어 아래로 흘러나왔는데, 그 때문에 유동로라는 이름이 붙었다. 유동로 안에서는 연소를 통해 광재와 뒤섞인 해면철[모양이 불규칙하고 구멍이 많은 철]이 생성되었다. 이 해면철을 조심스럽게 단련하면 광재가 제거되었고, 무엇보다 철 속 탄소가 보다 균일하게 분배되었다. 이 과정에서 탄소 함량이 적은 강철

을 부러워하며 이렇게 말했다. "자연의 혜택을 입은 영국인들은 같은 갱에서 연료와 광석을 동시에 얻는다. 그들은 코크스로 광석을 제련하고, 증기기관과 관성바퀴로 압연기에 엄청난 힘을 가해 그 원료들을 막대나 판 모양으로 만들어 낸다."

철도 초기의 어려움

그로부터 서서히 **산업화**가 시작되었다. 또한 가장 중요한 교통수단이자 운송 수단인 **철도**가 탄생했다. 강철도가 아닌 철도로 불리게 된 까닭은 우리도 이미 알고 있다. 산업화 초기에 강철은 아직 너무 드물고 값비싼 재료였다. 그러나 철도는 곧 경제 전반에서 가장 많은 금속을 집어삼키는 분야가 되었다. 선로를 놓는 데만도 막대한 양이 필요한데, 거기에 기관차와 화물칸까지 만들려면 그 수요는 어마어마했다. 많은 역사가들이 산업화 시기를 이끌고 산업화에 박차를 가한 요인으로 철도를 꼽는다. 그것은 물론 석탄과 광석 채굴, 제철업, 공작기계 산업이라는 중요한 분야들과의 지속적인 상호작용 속에서 이루어진 일이다. 어쨌든 곳곳에 공장들이 들어서서 연기를 내뿜었다. 독일의 한 은행가는 1844년에 이렇게 기

을 얻을 수도 있었지만, 품질은 그리 좋지 않았다. 어쨌든 질 좋은 광석이 필요한 길고 힘겨운 과정이었는데, 유동로에서는 광석에 포함된 철의 절반도 얻을 수 없었기 때문이다. 광산 고고학자들이 과거의 유동로를 재구성해 실험한 결과, 나무 100킬로그램과 광석 20킬로그램을 투입해서 얻을 수 있는 철이 불과 1~5킬로그램이었다.

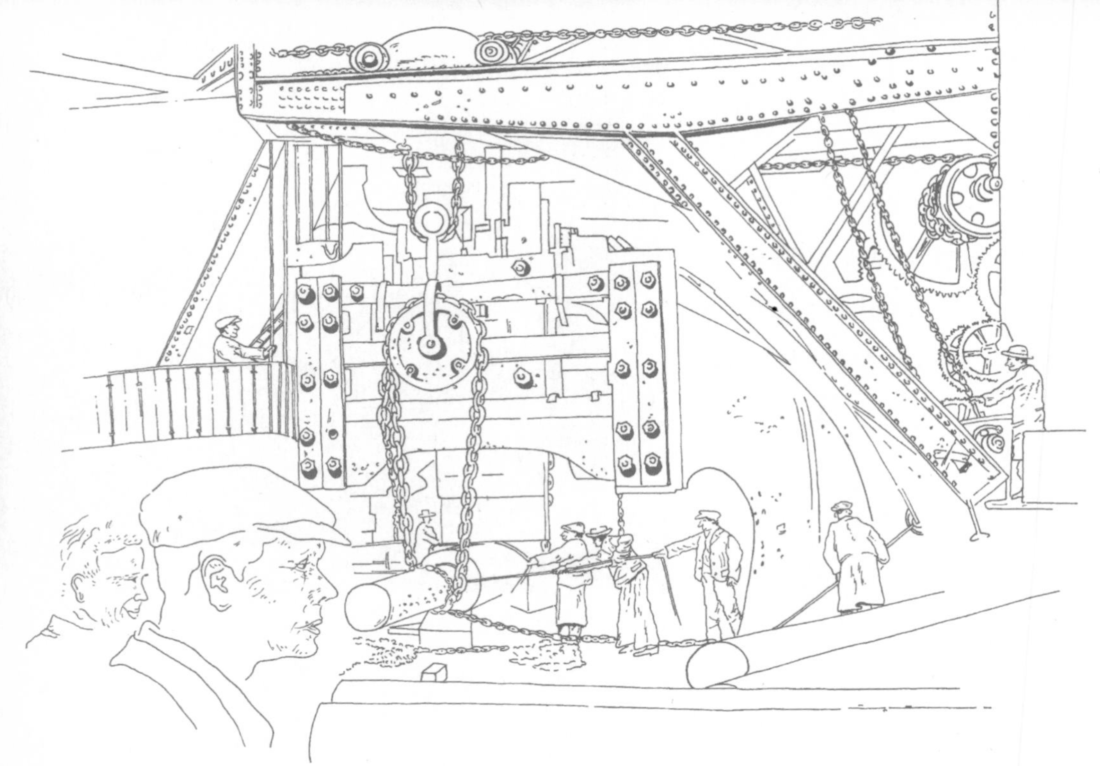

크루프 공장에 있던 거대한 기계 장치
증기 망치 프리츠에서 작업하는 모습

록했다. "철도 열기가 그 어느 때보다 뜨거워서 거의 광적이라고 할 만하다." 새로운 철도를 놓는 데 필요한 자금은 쉽게 얻을 수 있었고, 도시들은 점점 철도로 연결되었다.

그러나 선로는 여전히 주철로, 그다음에는 보다 단단하게 압연한 철로 만들어졌다. 퍼들 제련공들은 그들이 할 수 있는 한 최선을 다했다. 독일에서도 제철업이 증가했고, 1830년대에는 선로 제작을 위한 현대식 압연 공장들이 다수 생겨났다. 루르 지역에 대규모 제련소도 늘어났다. 그럼에도 여전히 수요를 따라가지 못해 선로를 영국에서 수입해야 했다. 그 무렵 독일 금속 가공을 대표하는 회사는 단연 에센에 위치한 **크루프**였다. 1851년 런던에서 열린 만국박람회에서 크루프는 주강〔주철을 거푸집에 넣어 주조한 뒤 열처리로 강도를 높인 강철〕으로 만든 2톤짜리 거대한 금속 덩이를 선보여 세계를 놀라게 했다. 그때까지 그처럼 거대한 금속 덩이가 주조된 적은 없었다. 주물 공장과 압연 공장을 운영하던 프리드리히 하르코르트[산업혁명 초기에 '루르 지역의 아버지'라고 불리던 사업가 겸 정치가]는 그 금속 덩이가 가진 의미를 바로 알아챘다. "이 물건은 독일의 산업 발전사에서 가장 특이한 기념비가 될 것이다." 장식용인 듯 주강으로 만든 작은 대포도 하나 있었는데, 그것은 미래를 보여 주는 것이었다. 얼마 뒤 크루프에서 만든 대포들은 가장 파괴적인 무기 중 하나로 독일군에 공급되었다. 크루프 공장은 '민족의 무기 대장간'으로 여겨졌고, 크루프는 '대포의 왕'이 되었다. 그로부터 10년 뒤인 1861년 크루프 공장은 또다시 놀라운 능력을 증명했다. 알프레드 크루프는 자신의 가장 강력한 일꾼을 선보여 다시 한 번 세상을 놀라게 했다. 이웃 건물들을 흔들리게 할 만큼 거대한 **증기 망치 프리츠**였다. 프리츠의 크기는 집채만 했고, 낙하하는 망치 무게만 50톤에 달했다. 보일러실에서는 세계 최대의 망치를 작동하기 위해서 열두 개의 보일러가 가동되었다. 크루프는 이 프리츠 망치로 초대형 공업 재료들을 단련했으며, 프리츠는 1911년까지 가동되었다.

그사이 강철 생산은 또 하나의 발명으로 새로운 활

철근 콘크리트

철근 콘크리트는 외관상 근사하게 보이지는 않지만 건설 현장에서 가장 많이 사용되는 건축 재료 중 하나이다. 강철 생산량의 10퍼센트 이상을 철근이 차지한다. 철근 콘크리트의 강한 내구성은 두 가지 요인에서 비롯된다. 먼저 콘크리트가 압축강도를 높인다. 반면에 철근은 콘크리트에 부족한 인장력을 보강해 인장강도를 높인다. 대부분의 대규모 건설 현장에서 철근으로 둘러싼 격자 모양의 철골 구조물을 볼 수 있다. 나중에 그 위로 콘크리트를 붓는다. 철근 콘크리트의 특별한 종류 하나는 다리를 건설할 때 중요한 역할을 한다. 바로 **프리스트레스트 콘크리트**[인장강도가 낮은 콘크리트를 보강하기 위해 피아노선이나 특수 강선을 넣어 인장 응력을 높인 것으로, 줄여서 피에스 콘크리트 또는 PC라고 한다.)이다. 콘크리트를 입히기 전에 특수 강선을 양쪽으로 팽팽하게 늘여 응력을 준 다음 콘크리트 구조물의 양 끝에 고정한다. 이처럼 미리 인장 응력을 주었기 때문에 구조물에 균열이 생기지 않으면서 더 큰 하중을 견딜 수 있다. 하중이 위에서 아래로 가해지는 구조물은 위로 향하는 인장 응력을 갖는다. 철근 콘크리트 구조는 1861년 프랑스 정원사 **조제프 모니에**가 처음 개발했다. 콘크리트로 만든 정원 물통이 쉽게 부서져서 고민하던 그는 철로 된 격자 구조물에 콘크리트를 입혀 새 물통을 만들었다. 지금도 철근을 모니에 철이라고 부르는 경우도 있다. 철근 콘크리트는 성격이 완전히 다른 건축물을 만들 때도 투입되는데, 바로 군사 시설인 견고한 벙커를 지을 때이다.

력을 얻었다. 1855년 영국 기술자 **헨리 베서머**가 베서머 전로를 개발한 것이다. 노의 내부에는 규석으로 만든 내화 벽돌을 입혔다. 항아리 모양으로 생긴 용기를 회전시킬 수 있어서 전로라는 이름이 붙었는데, 약 15톤의 쇳물을 채운 뒤에는 수직으로 세웠다. 그런 다음 아래쪽에 달린 여과기를 통해서 용액을 농축했고, 노 안으로는 뜨거운 공기를 불어넣었다. 그러면 철 속에 포함된 탄소와 다른 불순물이 연소되기 시작했다. 이러한 연소 과정을 통해 추가로 열이 발생하면서 노 안 온도는 1300~1700도까지 올라갔다. 그래서 탄소가 제거된 철도 액체 상태로 남았다.

모든 과정이 끝나고 항아리 모양의 노를 다시 회전시키면 액체 상태의 철이 흘러나왔다. 불순물이 모두 제거되어 단련할 수 있는 상태가 되는데, 이를 **연철** 또는 **연강**이라고 한다. 그러나 이 새로운 기술이 완성 단계로 발전해 실제로 사용되기까지는 5년이라는 시간이 지나야 했다. 그 뒤로는 공급량이 눈에 띄게 증가했다. 그로써 새로 놓는 철도의 선로는 곧 강철로 만들게 되었다. 베서머 방식의 한 가지 단점은 1879년 시드니 토머스에 의해 해결되었다. 토머스는 노의 내부에 석회를 입힘으로써 다량의 인을 포함한 철도 강철로 제조할 수 있었다.

그사이 브란덴부르크 산업 박물관 견학은 한 시간 가까이 이어졌고, 이제는 위쪽에 있는 노 근처에 이르렀다. 여기까지 오는 동안 우리는 이 뜨거운 괴물에서 이루어지는 일들에 대해 이미 여러 가지를 알게 되었다. 지멘스-마르탱로를 개발한 사람은 프랑스의 **피에르 에밀 마르탱**과 전기 산업의 선구자 베르너 폰 지멘스의 두 형제인 **프리드리히**와 **카를 빌헬름 지멘스**였다. 이들은 영국의 베서머와 거의 비슷한 시기인 1860년경 산업에 응용할 수 있는 강철 생산 방식을 개발했다. 한편, 지멘스-마르탱 방식은 재활용의 초기 형태이기도 했다. 노 안에 투입하는 재료로 고철을 사용했기 때문에 철광석 자원이 풍부하지 않은 나라에서 특히 애용되었다.

위쪽에 있는 노 근처의 작업장에서는 기중기로 고철을 노 안에 투입하는 작업이 이루어졌다. 너비 약 20미터에 깊이는 6미터인 노의 내부 공간은 불에 잘 견디는 내화 벽돌을 입혔고, 평평하고 길쭉한 형태였다. 노는 천연가스로 가열되고, 내부 온도는 1800도까지 올라간다고 했다. 뜨거운 불꽃을 좌우에서 쏘아 고철을 녹였고, 동시

토머스 인산비료

토머스 제강법으로 강철을 생산할 때 나오는 광재는 인 화합물을 다량 함유하고 있다. 선철에 포함된 인이 빠져나왔기 때문이다. 토머스 광재는 곱게 가루를 내서 농업에 이용했는데, 인공 비료로 경작지에 뿌린 것이다. 질소나 칼륨처럼 인은 식물이 자라는 데 꼭 필요한 영양소였다. 그 무렵 토양은 농작물이 자라기에 적합하지 않은 산성이었고, 수확량이 줄어든 상태였다. 석회 성분이 다량 함유되어 알칼리성을 띠는 토머스 인산비료는 산성 토양을 중화하는 역할을 했다. 화학자 **유스투스 폰 리비히**는 이미 오래전부터 인공 비료의 원리를 자세하게 연구했고, 인공 비료 생산을 진척시키는 데도 기여했다. 그러나 오랫동안 생산량은 얼마 되지 않았다. 따라서 농부들은 제철 산업에서 나온 찌꺼기를 재활용한 토머스 인산비료가 더없이 반가웠다. 인공 비료는 20세기에 이르러 비로소 대량으로 생산되기 시작했다. 그 뒤로는 오히려 과도한 비료 사용으로 인한 토양과 하천 오염이 점차 심각한 문제로 등장했다.

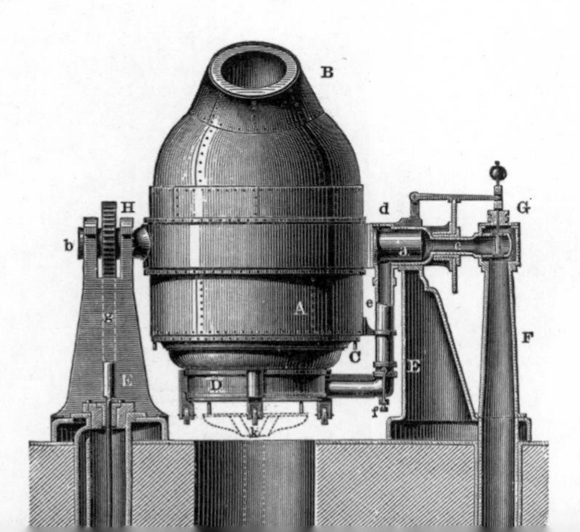

베서머 전로

에 달갑지 않은 부산물들을 함께 연소시켰다. 융해 과정은 약 일곱 시간 정도 지속된다. 지멘스-마르탱로는 **축열실**을 이용하는데, 이는 뜨거운 연소 가스의 열을 별도의 공간에 저장해 노와 연료를 가열하는 데 다시 사용하는 열 교환 장치이다. 우리는 제1 용해로가 놓인 곳에서 모든 과정을 감독하는 통제실 쪽을 바라보았다. 그런 다음 다시 아래쪽의 제강 작업장으로 내려갔다. 용해로를 비우는 작업이 이루어지는 곳이었다. 여기서 최종적으로 생산된 강철은 약 180톤이라고 했다. 용해로 안의 용강[강철 쇳물]은 배출구가 달린 거대한 쇳물 통 안으로 흘러 들어가고, 강철 위에 떠 있는 강재[강철을 제련할 때 나오는 광물 찌꺼기]는 배출구를 통해 강재 통으로 흘러 들어간다. 용강이 담긴 통에는 원하는 강철 종류에 따라 합금 재료인 크로뮴, 텅스텐, 몰리브데넘을 추가로 투입한다. 이 쇳물 통은 거대한 기중기에 들려 작업장 내 무개 화물차로 운반된다. 무개 화물차 위에는 주철로 만든 용기들이 세워져 있는데, 이를 금형이라고 한다. 쇳물 통의 바닥에 있는 밸브를 열면 완성된 용강이 금형 안으로 흘러 들어간다. 이제 모든 것이 냉각되고 응고

(왼쪽)
쇳물 통
(오른쪽)
제강 작업장

되면 금형에서 강철 막대들을 분리해 운반할 수 있다. 이 모든 일은 1993년까지 이곳에서 이루어진 과정이다.

지멘스-마르탱 제강법은 거의 100년 동안 강철을 생산하는 가장 중요한 방법이었다. 그러다가 1950년부터 새로운 방법이 개발되었다. 오늘날 강철 생산의 약 70퍼센트를 차지하는 **산소 제강법**에서는 녹인 선철에 12바까지 올린 높은 압력으로 순수 산소를 불어넣는다. 그러면 마지막에 이른바 산소강을 얻게 된다. **전기로**에서는 두 개의 탄소 전극 사이에서 발생하는 아크방전에 의해 3000도에 이르는 고온의 열이 발생한다. 전기로강은 순도가 매우 높아서 녹이 슬지 않는 우수한 품질을 자랑한다. 또한 생산 속도도 지멘스-마르탱로보다 여덟 배나 빠르다.

현대식 제철소에서 쇳물을 옮겨 붓는 광경

작업장의 넓은 홀 옆에는 선로가 깔려 있다. 브란덴부르크 재활용장으로 화물들을 운반하는 운송 수단이다. 주변에는 고철 덩어리와 낡은 케이블이 쌓여 있었다. 화물 열차의 낡은 차축과 바퀴도 수북했다. 조금 더 뒤쪽에서는 철도 초창기에 탄생한 물건들이 인상적인 인사를 보냈다. 녹이 잔뜩 슨 증기기관차 세 대가 햇빛을 받아 반짝이고 있었다. 산업 박물관과 초기 산업화 시대를 둘러본 짧은 여행을 마치는 데는 더없이 좋은 작별 인사였다.

다리의 여왕과 철의 여인

철과 강철로 만든 대담한 건축물

금속은 **건축술**의 혁명을 불러왔다. 대담한 구조물을 짓는 일이 가능해졌고, 금속과 합금으로 된 건축 재료들은 나무와 돌이 버티지 못하는 인장과 하중을 견뎠다. 파리에 세워진 **에펠탑**은 새로운 건축술의 상징이자 전 세계적으로 파리를 대표하는 매혹적인 상징이 되었다. 우리는 이 새로운 건축술의 역사를 다른 식으로, 위험한 줄타기로부터 시작하려고 한다. 줄타기에 사용되는 철사와 와이어로프[철사를 여러 겹 꼬아서 만든 쇠밧줄]는 전신케이블과 전선으로 만들어져 세상을 바꾸었을 뿐만 아니라, 19세기에 건설 기술자들의 핵심 재료가 되어 다리 건설에 획기적인 변화를 불러왔기 때문이다.

우선은 잠시 라멜스베르크 광산으로 되돌아가 보자. 그곳 광산 박물관에 근무하는 역사가 한스 게오르크 데트머는 녹이 심하게 슨 짧은 와이어로프를 꺼내 보여 주었다. 1835년에 발명된 역사적인 와이어로프, 일명 **알베르트 슐라크**Albert-Schlag라고 불리는 것이었다. 처음 본 순간에는 '겨우 이런 거야?'라는 의문이 들고 실망스러울 것이다. 그러나 데트머의 설명대로 **와이어로프**는 채광 기술에 중대한 영향을 미쳤다. 오버하르츠의 광산 감독이던 율리우스 알베르트는 철사 네 가닥을 꼬아서 하나의 스트랜드로 만들었고, 스트랜드 세 개를 같은 방향으로 꼬아서 와이어로프를 만들었다. 그때까지는 깊은 수직갱도에서 채굴한 광석 바구니를 감아올릴 때 삼줄로 만든 밧줄이나 쇠사슬을 사용했다. 그러나 거기에는 항상 사고의 위험이 도사리고 있었다. 삼줄은 빨리 닳아서 끊어졌고, 쇠사슬은 수직갱도가 점점 깊어지면서 자체 무게를 견디지 못하고 끊어지는 일이 많았다. 모든 쇠사슬은 가장 약한 고리가 견딜 수 있을 만큼의 무게만 감당할 수 있기 때문이다. 알베르트가 만든 새로운 와이어로프는 현장에서 수차례 시험한 끝에 가장 튼튼한 것으로 입증되었다.

와이어로프의 역사는 **존 오거스터스 로블링**(요한 아우구스트 뢰블링)에게로 다시 이어진다. 독일 출신의 토목 기사였던 로블링은 미국으로 건너가 다리 건설의 왕이 되었다. 그는 1806년 튀링겐 지역의 뮐하우젠에서 태어났고, 베를린에 있는 왕립 종합기술학교에서 공부했다. 그 무렵 영국과 미국에서는 새로운 다리 건축술을 이용해 현수교들을 세운다는 소식이 전해졌다. 로블링은 그러한 구조물에 매혹되었다. 다리 건설은 그의 첫 번째 관심사였고, 다른 건 모두 뒷전이었다. 그는 베를린 대학을 찾아가 유명한 철학자 헤겔의 강의를 정

다리 건설의 왕
존 오거스터스 로블링
(1806~1869)

기적으로 들었고, 헤겔의 말에서 삶의 신조를 찾았다. "이 세상 어떤 위대한 일도 헌신 없이 이루어지지 않았다." 지식과 능력을 충분히 갖춘 토목 기사인 그에게 독일의 발전 과정은 너무 더뎠다. 그래서 그는 1831년 브레머하펜 항구에서 동생 카를과 함께 미국으로 향하는 배에 올랐다. 힘든 나날이 시작되었지만 자신이 있어야 할 곳을 제대로 찾아간 것이었다. 미국에서는 선로와 운하, 다리 건설 공사가 한창이었다. 그는 거기서 철사에 주목했고, 삼밧줄로 끄는 궤도의 구조를 연구했다. 각각 다른 높이에서 엄청난 무게의 화물과 화물 차량, 화물선을 삼밧줄로 끄는 일은 굉장히 위험했다. 실제로 줄이 끊어져서 치명적인 사고가 발생한 현장을 직접 목격하기도 했다.

로블링은 철사를 생산하기 시작했다. 450미터 길이의 와이어로프 생산 라인에서 철사들을 굵은 밧줄과 케이블로 만들었다. 강철 철사든 아연을 입힌 철사든 그의 공장은 가장 먼저 찾는 철사 공급 업체가 되었다. 그는 수많은 철사를 꼬지 않고 나란히 놓은 다음 원형 고리를 둘러 압축하고 외피를 입혀 하나로 묶는 평행선 케이블 가설법으로 특허를 냈다. 이 가설법은 곧 현수교 건설에 적용되었다. 철사 연구가이자 케이블 제작자이던 로블링이 드디어 다리 건설자로 변신할 시기가 무르익은 것이다. 1844년 운하에 현수교를 건설하라는 주문을 받은 그는 수많은 사람들의 반대와 의심을 뚫고 첫 성공을 거두었다. 18센티미터 두께로 제작한 현수 케이블은 그가 확언한 대로 제 역할을 훌륭하게 해냈다. 케이블에는 운하의 물이 관통하는 묵직한 나무통들이 매달렸다. 로블링은 '에어 스피닝'air spinning 공법에 따라서 다리의 양쪽 기둥 사이로 수많은 철사를 하나하나 당기고 걸쳐 설치한 다음 공중에서 하나의 케이블로 결합했다. 이는 평행선 케이블과 마찬가지로 미래가 밝은 가설 방법이었다. 이후 몇 년 동안 그의 실적은 매우 놀라웠는데, 6년 동안 현수교 여섯 개를 건설한 것이다. 재정 상황은 여전히 빠듯했지만, 그는 공장을 다른 곳으로 옮겼고 규모도 확장했다. 뉴저지 주 트렌턴으로 옮긴 공장에서는 이제 와이어로프 생산 라인이 1200미터로 늘어났다.

1851년에는 로블링에게 결정적인 성공과 명성을 안겨 줄 다리 건설이 시작되었다. **나이아가라 폭포**에서 멀지 않은 나이아가라 협곡 위를 지나는 다리였다. 1855년에 벌써 첫 번째 기차가 증기를 내뿜으며 다리 위를 지났고, 폭이 250미터에 이르는 다리는 전 세계적으로 놀라움을 자아냈다. 현수교 위를 지나는 철도는 산업화의 개선 행진을 보여 주는 상징적인 광경이었다.

로블링은 곧 더 큰 규모의 다리 건설을 주문받았다. 하나는 피츠버그의 앨러게니 강을 지나는 다리였고, 다른 하나는 신시내티의 오하이오 강을 가로지르는 폭 320미터의 다리였다. 그다음은 뉴욕 주에서 주문을 받았다. 뉴욕 주에서는 오래전부터 브루클린과 맨해튼 사이를 연결하는 다리 건설을 계획 중이었고, 이제 현수교 건설의 대가에게 그 일을 맡긴 것이다. 로블링은 측량을 시작해 설계도를 완성했다. 그사이 그의 아들 워싱턴은 유럽을 여행하면서 대규모 건설 현장을 돌아다

브루클린 다리 건설 현장
케이블 설치 작업

넜고, 영국의 주물 공장과 압연 공장을 견학했으며, 독일 에센으로 건너가 크루프의 새로운 주강 공장을 둘러보았다. 로블링 부자는 마침내 1869년에 당시로서는 세계 최대 규모인 브루클린 다리를 건설하기 시작했다. 그러나 초석을 놓기 직전 사고가 발생했고, 존 로블링은 건설 현장에서 마지막 측량 작업을 하던 중에 발이 으스러지는 부상을 당했다. 발을 절단하는 수술을 받았지만, 그는 겨우 2주 만에 부상 후유증으로 세상을 떠나고 말았다. 그로 인해 당시 32세이던 아들 워싱턴이 건설 작업의 총책임을 맡았다.

브루클린 다리 건설은 위험하고 힘든 대규모 공사였다. 강력한 두 개의 교각을 세우기 위해서는 수중 24미터에 이르는 곳에서 기초 공사를 진행해야 했다. 수중 작업은 두꺼운 나무판으로 만든 잠함에서 이

루어졌다. 압착 공기를 통해 물이 밀려 들어오는 것을 막아 주는 상자였다. 압착 공기 상자를 이용한 작업은 새로운 방법이 아니었다. 그러나 이스트 강에서는 이전의 다른 어떤 곳보다 압력이 높았다. 그로 인해 스무 명의 인부가 당시까지는 알려지지 않은 잠수병으로 목숨을 잃었다. 압력이 높은 물속에 있다가 너무 빨리 기압이 낮은 곳으로 올라왔기 때문이다. 항상 인부들과 함께 작업하던 워싱턴 로블링도 이 잠수병의 희생자가 되었다. 그는 1872년 거의 의식을 잃은 채 잠함에서 나왔고, 간신히 목숨은 건졌지만 온몸이 마비된 채로 살아야 했다. 그 뒤로는 창가에 앉아서 망원경으로 작업을 감독했다. 그의 아내가 심부름꾼 역할을 했다. 워싱턴 로블링은 아버지의 유산인 브루클린 다리 건설을 결코 포기하지 않았다.

브루클린 다리에는 더 이상 철사가 사용되지 않았다. 워싱턴은 철사보다 인장력이 훨씬 강한 아연을 입힌 강선을 사용했다. 수많은 강선을 엮어 만든 열아홉 개의 스트랜드를 묶어서 지름 40센티미터의 두

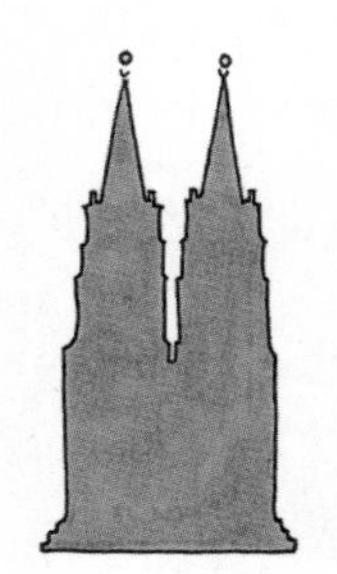

(왼쪽에서부터)
쾰른 대성당
브루클린 다리
뮌헨 프라우엔교회

기름에 담그는 철사

샌프란시스코에 있는 **금문교**는 안개 속에서 특히 아름답게 보인다. 그러나 이 다리는 소금을 함유한 바닷바람을 맞고 서 있기 때문에 다른 다리들과 마찬가지로 부식되지 않도록 각별히 신경을 써야 한다. 그래서 페인트를 칠하는 사람들이 계속 다리의 각 부분을 돌아다니며 살피는데, 그들이 들고 있는 통에는 금문교의 붉은 색깔인 인디언 오렌지색 물감이 들어 있다. 칠에 균열이 생긴 곳을 찾아 최대한 빨리 다시 칠하는 것이다. 사장교(교각 위에 세운 탑에서 양옆으로 비스듬히 드리운 케이블로 지탱하는 다리)에 쓰이는 케이블과 로프에서도 인장력과 함께 부식 예방이 가장 중요한 문제다. 오늘날 다리 공사에 사용되는 케이블 종류는 다양하다. 강철봉 다발로 만든 케이블, 평행선 케이블, 스트랜드 여러 개를 1층 또는 여러 층으로 결합해서 만든 스트랜드 로프, 록트 코일 로프(내부 심과 바깥층으로 이루어졌으며, 각 부분에 들어가는 강철선과 스트랜드를 서로 다른 방향으로 꼬아서 밧줄이 회전하면서 풀리지 않도록 만들었다.) 등이 있다. 평행선 케이블은 로블링이 처음 개발했을 때와 같은 형태를 지금도 유지하고 있으며, 내구성이 강한 강선으로 만들어진다. 강선은 금속이나 폴리에틸렌으로 된 관을 씌우고, 부식을 막기 위해서 회반죽이나 밀랍, 기름에 담근다.

꺼운 현수 케이블을 완성했다. 브루클린 다리는 그러한 현수 케이블 네 개에 매달린 폭 486미터의 다리였다. 총 13년의 건설 기간을 거쳐, 1883년에 길이 1820미터가 넘는 다리가 완공되었다. 사람들은 환호했고 언론은 "세계 제8대 불가사의"라며 감탄했다. 곧 더 큰 규모의 다리들이 세워졌지만, 브루클린 다리는 여전히 **다리의 여왕**으로, 견고함의 본보기이자 수백만 명이 살아가는 대도시의 생명줄로 남았다. 교통량 증가에 맞춰 1948년에는 차선이 2차선에서 6차선으로 확대되었다.

다음으로 소개할 금속 구조물도 브루클린 다리에서 멀지 않은 곳에 있다. 뉴욕의 리버티 섬으로 향하는 배를 타면 된다. 그곳에 미국의 가장 유명한 상징이자 가장 많이 기념사진을 찍는 **자유의 여신상**이 서 있다. 자유의 여신상은 프랑스가 미국 독립 100주년을 축하하기 위해 보낸 선물이었다. 동판으로 만든 높이 46미터의 구조물에 녹청을 입혔고, 로마풍 자유의 여신이 오른손에 타오르는 횃불을 높이 들고 있는 모습이다. 무게가 200톤이 넘는 이 기념비는 1886년에 제막했고, 기부금과 복권 판매 수익금으로 제작되었다. 기념비의 내부 구조물은 에펠탑으로 유명한 프랑스의 **구스타브 에펠**이 설계했다. 에펠은 여신상이 거센 바람과 무더위에 견딜 수 있도록 철제 구조물로 뼈대를 만들었다. 방문객들은 나선형 계단을 통해서 왕관 부분에 있는 전망대까지 올라갈 수 있다. 그런데 철과 구리가 직접 닿으면 자유의 상징이 부식되어 오래 버틸 수 없으므로, 에펠은 석면과 천연 수지의 하나인 셸락을 이용해 내부의 철제 뼈대와 외부 동판을 분리했다. 자유의 여신상은 견고하게 버티고 서서 유럽을 떠나오는 이민자들에게 미래를 약속하는 인사를 건넸다. 그러나 이민자들은 우선 여신상의 바로 이웃에 있는 엘리스 섬에서 자유의 나라로 들어가기 위한 입국 심사를 거쳐야 했다.

구스타브 에펠의 가장 유명한 건축물은 파리에 있는 **에펠탑**이다. 오늘날 프랑스 사람들은 그의 이름을 딴 에펠탑을 좀 더 다정하게 "철의 여인"이라고 부른다. 그러나 에펠탑

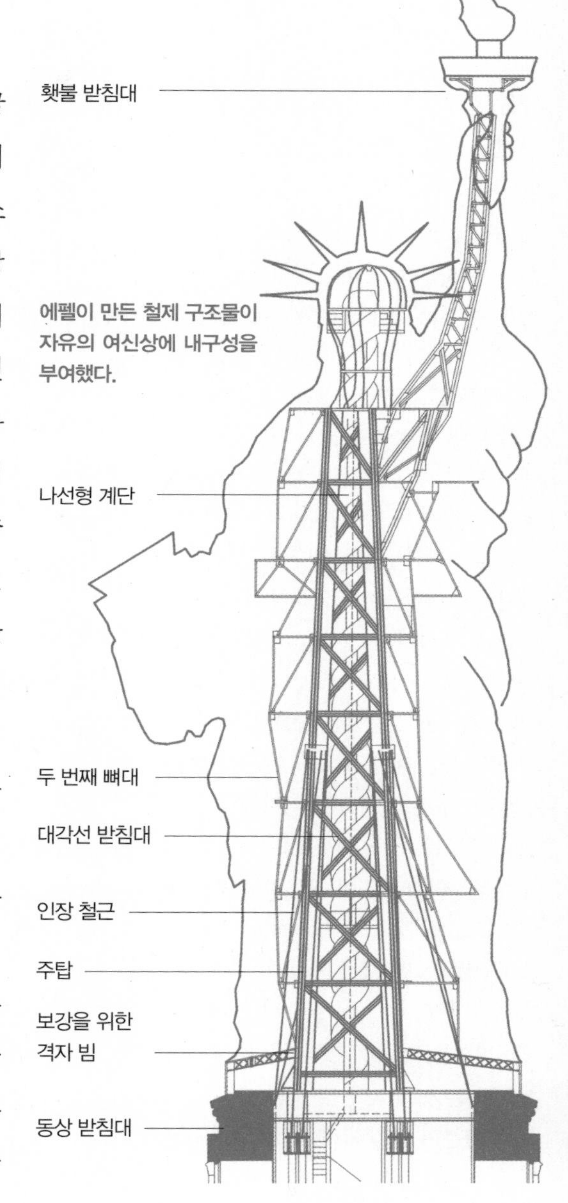

에펠이 만든 철제 구조물이 자유의 여신상에 내구성을 부여했다.

이 그렇게 인정받기까지는 시간이 걸렸다. 높이 300미터가 넘는 탑이 완성되자, 많은 사람들이 그것을 차갑고 흉물스러운 금속 괴물로 느꼈다. 파리의 예술가들은 항의 편지에서 "철을 짜 맞춰 만든 흉측한 기둥이 드리우는 역겨운 그림자"라고 했다. 소설가 공쿠르 형제는 철제 건축물은 "결코 인간적인 건축물이 아니다."라고 썼고, 또 다른 사람은 "철제 사다리로 만든 비쩍 마른 피라미드"로 여겼다. 그러나 흥미로운 구경거리를 찾아오는 방문객들로 에펠탑이 수익을 내기 시작하자, 프랑스 사람들의 의견도 점점 바뀌었다. 지금까지도 매일 5000명이 파리를 한눈에 내다보려고 세상에서 가장 우아한 철골 건축물 위로 올라간다. 그리고 베를린 사람들은 1926년 그들의 도시에 철의 여인의 남동생 뻘인 송신탑이 들어선 걸 기뻐한다.

건축가 스테펭 소베스트르와 모리스 쾨슐랭의 설계로 에펠탑이 건설되기 시작했을 때, 구스타브 에펠은 이미 철제 건축물 건설 경험이 풍부한 전문가였다. 에펠탑은 1889년 프랑스 혁명 100주년을 기념해 열리는 만국박람회에 맞춰 완공되어야 했다. 에펠은 이미 유럽 전역뿐만 아니라 이집트, 페루, 볼리비아에서도 철교를 건설했고, 국제적으로 명성이 높은 기술자였다. 브루클린 다리

리벳

20세기에 이르기까지 철과 강철로 만든 금속 볼트와 너트는 구조물의 몸체와 철판들을 결합하는 일반적인 수단이었다. 리벳은 강철판을 겹쳐서 뚫은 구멍에 넣어 결합하는 수단인데, 전문적인 기술자들만 할 수 있는 수작업이었다. 뜨겁게 달궈진 리벳을 구멍 안으로 꽂아 넣어 머리 부분을 받치면, 반대편에서 다른 기술자가 튀어나온 부분을 망치로 때려 구부리거나 펴지게 해서 이어 붙인다. 가열된 리벳이 식어 수축하면서 강철판들이 견고하게 결합된다. 지금은 용접과 접착제를 이용하지만, 여전히 많은 경우에 리벳으로 이어 붙인다. 건축물이 강한 인장을 견딜 수 있으려면 가장 좋은 재료로 만든 리벳을 사용해야 한다. 몇 년 전 미국의 금속 재료 연구가 두 명은 1912년에 발생한 유명한 **타이타닉** 호의 침몰이 리벳 때문이라고 주장했다. 배가 빙하에 부딪혔을 때 많은 리벳이 충돌을 견디지 못하고 부서졌고, 그로써 선체의 강판들이 벌어졌다는 것이다. 두 연구가는 난파선의 낡은 철제 리벳 몇 개를 연구했고, 광재 성분이 상당량 들어 있다는 사실을 확인했다. 절대 침몰하지 않을 거라는 배를 건조하면서 거기에 사용한 리

와 비교할 때 에펠탑 공사는 겨우 2년 만에 사고가 거의 없이 마무리되었다. 에펠은 퍼들법으로 생산한 강철을 사용했는데, 압연 공장에서 필요한 모양대로 만들었다. 그렇게 만든 철판 조각이 약 1만 8000개였는데, 300명의 작업자가 250만 개의 리벳으로 연결해 조립했다. 건축 부품들은 놀라울 정도로 정확하게 제작되었다. 탑의 높이가 57미터에 이른 뒤에야 처음으로 리벳 구멍을 잘못 뚫은 부분이 나왔다. 아찔할 정도로 높은 곳에서 이루어진 작업이었지만, 철저한 안전 조치 덕분에 불행한 사고는 발생하지 않았다. 탑은 약속된 기간에 정확히 완공되었고, 만국박람회 개막일에 맞춰 강력한 네 개의 돌 받침대 위에 세워졌다.

계약에 따르면 에펠탑은 1909년에 철거되어야 했다. 그러나 그사이 이 근사한 철의 여인은 무선 전파를 송신하는 데 매우 유익한 것으로 증명되어 그 자리에 남게 되었다. 에펠탑은 전 세계 수많은 관광객을 끌어들이는 **관광 명소**가 되었고, 현재까지 **송신탑**으로 이용되고 있다. 또한 1958년까지는 세계에서 가장 높은 탑이기도 했다. 지금도 밤에 조명을 켠 모습이 매우 아름답고, 번개가 칠 때는 굉장한 구경거리를 제공한다. 더 높은 탑들이 많이 만들어졌지만, 그 무엇도 에펠탑만큼 아름

벳을 순도 높은 강철로 만들지 않았다는 것이다. 그러면서 경제적인 어려움에 빠진 조선소가 품질이 떨어지는 리벳까지 사용하는 치명적인 잘못을 저질렀을 거라고 했다. 이러한 주장에 대해 반론도 제기되었지만, 충분히 근거 있는 주장으로 여겨진다.

답지는 않을 것이다. 에펠탑은 7년마다 칠을 새로 해야 한다. 그럴 때면 주걱과 붓, 페인트 통을 허리에 찬 공중 페인트칠 전문가들이 안전 구조물 안에서 칠을 한다. 작업을 완료하기까지는 약 18개월이 걸리는데, 맨 아래쪽은 어둡게, 가운데는 중간으로, 위쪽은 밝은 색조의 청동색으로 칠한다. 보수비는 총 400만 유로가 들어간다.

그렇다면 에펠탑에는 어떻게 올라갈 수 있을까? 당연히 계단이 있고, 엘리베이터도 설치되어 있다. 이로써 위대한 금속 건축물의 역사를 살펴보던 우리는 마지막에 다시 와이어로프로 돌아왔다. 엘리베이터는 와이어로프에 매달린 채 매일 무거운 화물과 사람들을 실어 나르기 때문이다. 품질이 뛰어난 강철 철사가 없다면 엘리베이터를 만들지 못한다. 또한 엘리베이터가 없다면 하늘을 찌를 듯이 치솟은 고층 건물을 지을 생각도 하지 못했을 것이다.

현수교와 사장교도 점점 더 놀라운 규모와 우아한 모습으로 만들어졌다. 일본에 있는 **아카시 해협 대교**는 폭이 1991미터이고 전체 길이는 거의 4킬로미터에 이르는 세계 최대 길이의 현수교이다. 지진 지역에 위치해 공사 기간 10년 동안 여러 가지 사고가 일어났고, 그 때문에 폭이 원래 설계보다 1미터 늘었다. 다리의 탑들에는 거대한 진동 완

충기가 설치되어 있어서 지진에 안전하며, 강한 바람과 태풍으로 인한 진동도 완화해 준다.

미요 대교
계곡 사이를 가로지르는 길이 2460미터의 사장교

세계에서 가장 높은 다리는 유럽에 있다. 프랑스 남부 마시프상트랄 지역의 클레르몽페랑과 몽펠리에 사이에 놓인 **미요 대교**이다. 가장 높은 기둥이 에펠탑보다 높은 343미터이고, 계곡 위 270미터 높이에 뻗어 있다. 3년의 공사 기간을 거쳐 완공된 사장교로, 2004년부터 차량 통행이 가능해졌다. 구스타브 에펠이 공동 설립자인 에파주 건설사가 시공을 맡았다. 미요 대교는 계곡의 아름다운 경관을 해치는 방해 요인으로 작용하기보다는 상냥하고 예의 바른 손님이라는 인상을 준다. 거대한 규모의 건축물이지만 날씬하고 우아한 구조로 이루어졌다. 와이어로프를 부채꼴로 펼친 탑이 일곱 개이고, 다리 하중을 지탱하는 다리보의 높이는 겨우 4미터에 불과하다. 미요 대교의 경우 금속 재료가 강력하고 지배적으로 드러나기보다는 주변과의 조화 속에서 절제되고 우아한 형태로 사용되었다.

알아보기

광부들의 도구에서 주석 병정까지

금속의 세계에서 사용하는 개념들 2

게채에Gezähe

광부들끼리 하는 특이한 말에서 나온 개념 중 하나다. **광부들의 도구**, 특히 망치와 정을 지칭한다. 엑스자형으로 도안한 망치와 정은 광부 직업을 상징적으로 드러내는 표지로서 여러 광부 단체의 문장에 새겨졌다.

하일릭스 블레흘레Heilig's Blechle

독일 슈바벤 지역의 사투리로 놀라거나 화가 났을 때 내뱉는 말이다. 지금은 누군가 유난스럽게 아끼는 **자동차**도 농담 삼아서 그렇게 부른다. 주차를 할 때나 자주 가는 세차장에서 반짝반짝 빛나는 자동차에 조금이라도 흠이 생긴다면 가슴이 무척 쓰릴 것이다.

함석공

함석장이라고도 한다. 각종 함석을 전문적으로 단련하고 가공하며 금속을 다룬다. 독일에서는 막힌 수도관이나 가스관을 뚫어 주고, 수도와 가스, 난방 기구를 설치하는 사람을 가리키기도 한다. 예전에는 함석공이 그런 일도 했기 때문이다. 작업할 때는 망치와 파이프렌치가 있어야 한다.

부식

많은 금속을 못 쓰게 만드는 부식은 쉽게 말해서 화학적 변화로 금속에 **녹**이 스는 것을 말한다. 예전에는 자동차들이 부식으로 인해 몇 년 지나지 않아 고철 덩어리로 변했다. 지금은 자동차의 부식을 막기 위해서 밀랍과 기름을 입히고, 아연으로 도금하며, 코팅을 한다. 공기(산소)와 산(수소)은 금속을 공격해 망가뜨린다. 부식Korrosion은 '녹이 슬다', '바스라지다'라는 뜻의 라틴어 corrodere에서 유래했다. 날이 습하고 온도가 높을 때는 부식이 더 빨리 진행된다.

광물

지구의 **암석**과 행성, 운석을 형성한다. 광물은 단단한 물질이며 때로는 멋진 결정 형태를 이루고 있다. 모든 광물은 그 구성 성분의 화학식으로 나타낼 수 있다. 광물의 종류는 매우 다양해서 알려진 것만 3500개 이상인데, 그중 약 400개만 지각에서 발견할 수 있다. 광물 속에는 금속들이 들어 있으며, 많은 화학 결합물로 존재한다. 황과 결합된 **황화물**, 산소와 결합된 **산화물**, 특히 규소와 결합된 **규산염**이 있다. 몇 가지 광물의 이름을 들자면, 황화광물인 섬아연석, 황동석, 방연석, 휘은석, 황철석, 휘코발트석, 산화광물인 자철석 등이 있다. 광물의 종류를 규정하고 설명할 때는 결정 형태, 밀도, 강도, 광택과 색깔도 따진다. 다양한 분야로 세분화된 광물학에서 다룬다.

니로스타

녹슬지 않는 강철Nichtrostender Stahl이라는 뜻의 독일어 약자이며, 영어권에서는 스테인리스 스틸이라고 한다. 그런 걸 어떻게 만드냐고? 당연히 합금으로 만들 수 있다. 강철에 크로뮴과 니켈, 몰리브데넘, 망가니즈, 나이오븀 등을 약 10퍼센트 첨가하면 다양하게 쓰이는 특수강을 만들 수 있다. 심지어는 바닷물에도 부식되지 않는다. 니로스타는 티센크루프 사가 개발한 특수강의 상표이다. 어쩌면 우리 부엌에 있는 싱크대도 니로스타로 만들었을지 모른다.

철강왕

금속 부문에서 서로 긴밀하게 관련된 대규모 **기업 결합체**를 이룬 기업의 설립자를 일컫는다. 철강왕으로 불리는 사람은 엄청난 부와 막강한 힘을 갖고 있다. 석유 재벌이나 언론 재벌처럼 많은 정치인들과도 밀접한 관계를 맺고 있다.

바켄

금속과 관련이 있는 말일까? 바켄은 독일 북부 슐레스비히홀슈타인에 있는 작은 마을이다. 그곳에서 매년 여름 바켄 오픈 에어 페스티벌이 열린다. 엄청난 규모에 무척 시끄럽다. **헤비메탈 음악**을 즐기는 사람들을 위한 축제이니 금속과 전혀 무관하지는 않다.

주석 병정

예전에 아이들이 특히 좋아하던 **장난감**이었다. 이 장난감이 있으면 아이들 방은 전쟁터로 바뀐다. 아이들은 진짜 프로이센 군인과 똑같이 만든 장난감을 들고 적을 향해 진군했고, 수많은 병사들이 양탄자 위에 쓰러져 죽음을 맞이했다. 지금은 오래된 양철 장난감처럼 수집가들이 열심히 수집하는 품목이 되었다. 한스 크리스티안 안데르센이 쓴 「꿋꿋한 주석 병정」이라는 동화도 있다.

금속과 세계시장
청동기 시대부터 현재에 이르기까지

언론에는 '금속 도둑 기승'이라는 보도가 심심치 않게 등장한다. 도둑들은 무엇이 값나가는지 잘 안다. 그들은 특히 구리를 노린다. 반귀금속으로 대표적인 전도체인 구리는 제조업에서는 빼놓을 수 없는 금속이다. 복원된 역사적 건물들이 도둑의 표적이 되기 쉬운데, 물받이나 지붕을 구리로 만든 경우가 많기 때문이다. 그밖에도 수도관, 전선, 오래된 전기모터의 코일 등은 모두 구리로 만들어졌다. 구리는 놀라울 정도로 가격 변동이 큰 금속이다. 2000년까지만 해도 1톤에 2000달러였던 구리 가격은 2008년에 8000달러까지 치솟았다가 중간에 4000달러로 하락했고, 지금은 다시 7500달러에 거래되고 있다.〔2016년 8월 현재 약 5000달러이다.〕 구리는 산업에서 철과 알루미늄에 이어 세 번째로 많이 쓰이는 금속이다. 구리의 최대 생산국은 칠레이고, 미국, 페루, 중국, 오스트레일리아가 상당한 간격을 두고 그 뒤를 따른다.

구리 가격이 높아지면서 독일에서도 다시 채굴을 생각하고 있다. 브란덴부르크 남부 슈프렘베르크의 1000미터 땅속에는 약 2억 톤의 구리 광석이 매장되어 있는 것으로 추정된다. 이미 오래전부터 알려진 사실이지만, 동독 시절인 1980년대 말에 구리 매장지 탐사 작업이 중단되었다. 당시에는 많은 비용을 들여 채굴할 만큼 경제성이 높지 않다고 판단했기 때문이다. 그러나 구리값이 상승하면서 상황은 달라졌다. 미국의 한 기업 결합체는 오늘날 채굴의 전망을 높이 평가한다.

노천 광산에서 채굴한 광석을 운반하는 모습

잠비아 북부의 **코퍼벨트** 지역은 붉은색 금속인 구리가 대량으로 매장되어 있는 곳이다. 잠비아의 광산들은 매년 구리와 구리를 제련하는 과정에서 나오는 부산물인 코발트를 수출해 수십 억 유로를 벌어들인다. 인구가 약 1000만 명인 이 작은 나라는 거의 구리에만 의존해 살아간다. 다른 수출품의 비율은 겨우 25퍼센트에 불과하다. 그로 인해 지하자원을 수출하는 다른 나라들과 마찬가지로 지속적인 문제가 발생한다. 심지어 "자원의 저주"라고 말하기까지 하는데, 아무리 자원을 수출해도 결국에는 가난과 황폐해진 땅만 남기 때문이다. 지하자원으로 경제적 번영을 이루지 못한 나라들에서는 족벌 경영과 부패가 만연한 경우를 종종 볼 수 있다. 게다가 유일한 자원이나 소수 자원에 대한 의존성이 크기 때문에 다국적 기업들과 협상할 때 상대적으로 불리한

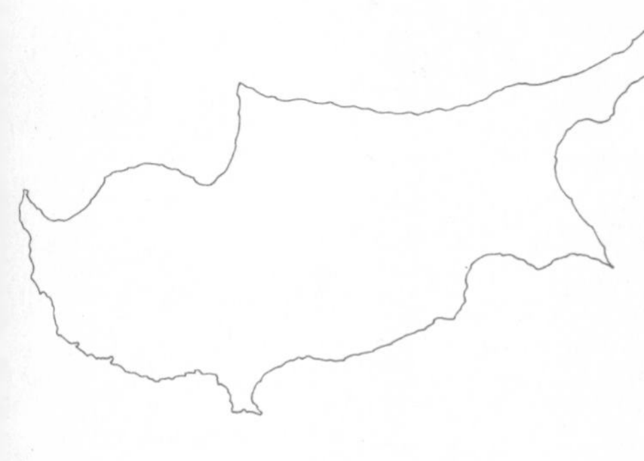

키프로스의 광석

로마인들은 키프로스 섬에서 나온 광석, 즉 귀중한 **구리 광석**을 그렇게 불렀다. 구리는 라틴어 cuprum에서 유래했고, 구리의 원소 기호도 Cu가 되었다. 로마인들은 스페인에 있는 광산에서도 구리와 다른 광석들을 채굴했다.

위치에 설 수밖에 없어 악순환이 반복된다. 단기적인 이익만 추구하다가 미래를 망치는 것이다. 그러나 예외적인 나라들도 있다. 보츠와나, 말레이시아, 태국이 대표적이다. 잠비아도 새 정부의 지도 아래 성공적인 길을 걸을 수 있을지 모른다.

잠비아는 극단적인 예는 아니지만 구리 가격 상승과 관련하여 매우 생생한 예를 보여 준다. 가격이 상승하기 전 잠비아 정부는 광산들을 외국의 거대 투자자들에게 매각했다. 그들에게는 수익성이 좋은 사업인 데다 수년간 최저 세금만 내는 혜택도 보장되었다. 지금까지도 광산에서 거두는 세금은 얼마 안 되고, 그 규모를 한눈에 파악하거나 조사하기도 어렵다. 스위스가 잠비아의 가장 중요한 무역 파트너인데, 세계적인 원자재 무역 업체인 글렌코어가 바로 스위스 기업이다. 글렌코어는 전 세계 구리 무역의 약 50퍼센트, 아연 무역의 60퍼센트를 차지하고 있다.

금속을 다루게 되면서 인간 공동체는 근본적으로 변화했다. **광부**와 **대장장이**는 농업과 무관한 일들 가운데 처음으로 전일제 직업이 되었다. 이어서 **분업**이 시작되었고, 광석에서 주석과 함께 구리를 발견해 청동 합금이 이루어지면서 분업이 가속화되었다. 청동 합금은 이미 전문가의 손이 필요한 일이었다. 청동은 어딜 가나 인기가 높아 잘 팔렸다. 그렇게 해서 **청동기 시대**는 동시에 **무역의 시대**가 되었다. 인접

국가들 사이에서뿐만 아니라 바닷길을 통한 해상 무역이 이루어졌고, 청동과 다른 금속을 실어 나르는 초기 세계 무역의 화물선들이 등장했다.

후기 청동기 시대 화물선의 복원품

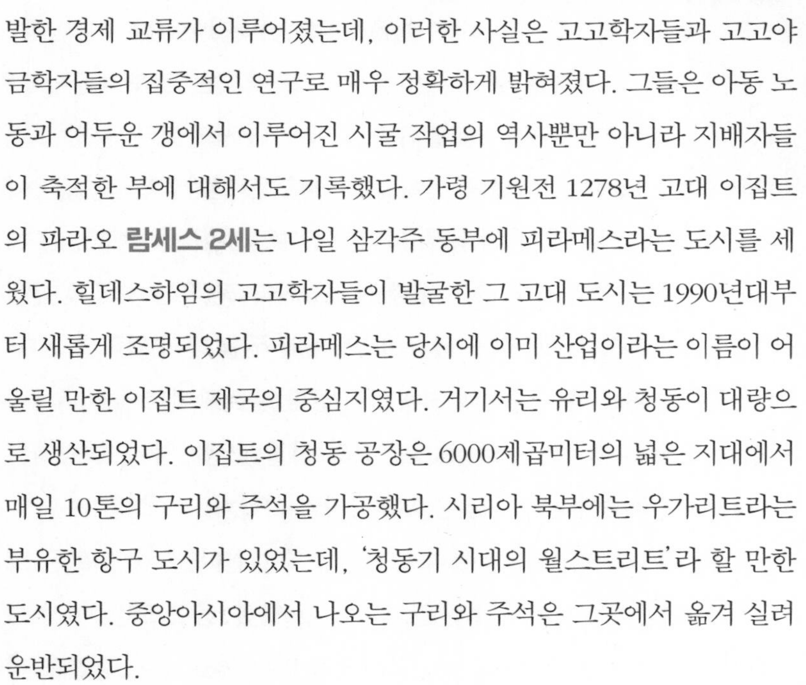

당시 지중해를 중심으로 활발한 경제 교류가 이루어졌는데, 이러한 사실은 고고학자들과 고고야금학자들의 집중적인 연구로 매우 정확하게 밝혀졌다. 그들은 아동 노동과 어두운 갱에서 이루어진 시굴 작업의 역사뿐만 아니라 지배자들이 축적한 부에 대해서도 기록했다. 가령 기원전 1278년 고대 이집트의 파라오 **람세스 2세**는 나일 삼각주 동부에 피라메스라는 도시를 세웠다. 힐데스하임의 고고학자들이 발굴한 그 고대 도시는 1990년대부터 새롭게 조명되었다. 피라메스는 당시에 이미 산업이라는 이름이 어울릴 만한 이집트 제국의 중심지였다. 거기서는 유리와 청동이 대량으로 생산되었다. 이집트의 청동 공장은 6000제곱미터의 넓은 지대에서 매일 10톤의 구리와 주석을 가공했다. 시리아 북부에는 우가리트라는 부유한 항구 도시가 있었는데, '청동기 시대의 월스트리트'라 할 만한 도시였다. 중앙아시아에서 나오는 구리와 주석은 그곳에서 옮겨 실려 운반되었다.

지금도 키프로스 섬에서는 과거에 청동을 생산할 때 나온 광재들이 발견된다. 구리와 주석에 규토와 망가니즈를 첨가해 녹는점을 낮추

었고, 그로써 품질이 우수한 청동을 생산할 수 있었다. 또한 당시의 화물선들은 10톤 분량도 너끈히 실었고, 길고 위험한 항해 속에서 지중해 너머로 화물들을 실어 날랐다. 배들은 앞바다에 정박했지만, 그럼에도 침몰하는 경우가 많았던 것으로 보인다. 그러나 그것은 구리와 아연, 청동, 유리, 도자기, 호박을 거래하는 **원거리 무역**의 시작이었다. 우가리트에서 크노소스, 미케네, 트로이, 이집트를 순회하는 1700해리의 바닷길이었다.

청동기 시대 무역선의 화물
기원전 14세기에 만들어진 쇠가죽 형태의 구리 잉곳

오늘날 세계 대양을 거쳐 운반되는 금속 화물의 양은 그때와는 비교할 수도 없을 만큼 증가했다. 가령 오스트레일리아 화물선이 실어 나르는 철광석만 해도 양이 엄청나다. 필바라 사막의 북동부 지역에는 철광석이 상당히 많이 매장되어 있다. 수출품 대부분은 중국으로 향한다. 중국은 자국 광산에서도 매년 9억 톤의 철광석을 채굴하지만 6억 톤을 더 수입하고 있다. 2000년과 2008년 사이 중국의 철광석 수입량은 14퍼센트에서 66퍼센트로 증가했다. 중국은 매달 4000만 톤의 선철을 생산하며, 철광석뿐 아니라 다른 금속에서도 가장 중요한 나라가 되었다.

독일은 매년 약 3000만 톤의 철광석을 수입한다. 그중 절반은 브라질에서 수입하고 나머지 절반은 캐나다, 스웨덴, 남아프리카에서 수입한다. 철광석은 석유 다음으로 거래량이 많은 원료이다. 강철을 생산하는 기업이 겪는 가장 큰 어려움은 철광석을 대규모로 수출하는 공급자의 권력이다. 그런 대규모 공급자는 단 셋뿐이고, 그들이 가격 협

36만 5000톤의 철광석을 실은 화물선
길이 342미터에 너비 63미터인 베르게 슈탈 호

상을 주도한다. 철광석은 2000년부터 가격이 가파르게 상승했다. 거의 폭발적인 수준으로, 지난 10년 사이에 무려 700퍼센트나 폭등했다. 거기에는 두 가지 이유가 있는데, 중국의 수요 급증과 시장을 주도하는 공급자의 권력 때문이다. 세계 3위 수출국인 인도는 자국의 산업을 보호하기 위해 수출량을 줄였다. 미국도 80퍼센트까지는 자국에 매장된 철광석으로 충당한다.

독일의 강철 기업 티센크루프는 브라질 리우데자네이루 근처에 대규모 공장을 설립하는 야심찬 계획을 세웠다. 생산 비용과 화물선 운임 비용이 싸다는 점이 여러 요인 중 하나였다. 그 공장에서 강철 덩어리를 생산해 다음 공정을 위해 미국으로 실어 보낸다는 계획이었다. 공사는 2006년에 시작되었다. 강철 생산비는 독일에서 생산할 때보다 톤당 50달러가 적게 들고, 매년 500만 톤을 생산할 것으로 추산되

었다. 그러나 야심찬 계획은 완전히 실패로 돌아갔다. 건설 과정에서 큰 문제들이 발생했고, 공장을 가동하는 동안에도 막대한 손실이 발생했다. 그로 인한 경제적 부담이 지금까지도 티센크루프를 짓누르고 있다. 게다가 2008년에 발생한 세계적인 금융 위기로 강철 붐이 꺼지면서 수요도 하락했다. 결국 현대적인 강철 생산 공장 대신에 막대한 비용을 들여 보완해야 하는 애물단지만 남았다.

금속은 런던, 상하이, 뉴욕 등지의 **금속 거래소**에서 매일 가격이 결정되고 거래가 이루어진다. 새로운 소식들도 계속 전해진다. "구리 가격 3주째 최저치 하락", "주석 가격 횡보 상태 지속", "아연 가격 최대 손실을 겪고 회복세" 등의 소식이다. 또한 끊임없이 '중국의 경제 성장 전망'에 촉각을 곤두세운다. 지난 몇 년간 세계 금속 시장은 그 어느 때보다 극심한 가격 변동을 보였다.

유로로 환산한 톤당 가격*

알루미늄	1507.62
납	1537.29
구리	6082.60
니켈	12705.69
아연	1458.70
주석	15086.61

* 2012년 8월 21일 20시 41분 기준(출처: 독일 거래소)

옐로케이크

우라늄 광석을 제련할 때 나오는 중간 생성물로 **우라늄 화합물**의 하나인 이우라늄산염을 이른다. 색깔이 노란색이라 옐로케이크라고 부른다. 원자로의 연료봉을 생산하는 데 사용되는 중요한 화합물이다. 중금속 우라늄은 **방사성 원소**이다. 플루토늄과 마찬가지로 방사능을 갖고 있으며, 핵분열에 이용된다. 원자력 발전소에서는 평화롭게 이용되지만 핵폭탄으로 만들어지기도 한다. 오스트레일리아, 캐나다, 나미비아가 우라늄 광석의 주요 생산국이다. 한때는 독일도 세계 3위의 우라늄 광석 생산국이었다. 소련과 동독의 합작 회사인 SDAG 비스무트가 작센과 튀링겐, 특히 에르츠 산맥에서 우라늄 광물의 하나인 **피치블렌드**(역청우라늄석)를 채굴했다. 독일이 통일되고 난 1990년 이후에야 채굴이 중단되었다. 현재 비스무트 주식회사는 상당한 비용과 시간을 들여 당시 채굴 현장에 남겨진 것들을 치우려고 애쓰고 있다. 우라늄 광석의 무분별한 채굴과 불법 거래는 특히 민감한 문제인데, 테러 조직의 손에 들어가 방사성 무기로 이용될 위험이 높기 때문이다. 독일 언론인 베티나 륄은 중앙아프리카 콩고민주공화국의 채굴 현장을 보도하면서 그곳 상황이 얼마나 불투명한지 보여 주었다. 콩고의 카탕가 지역에는 니켈, 은, 철, 코발트, 구리 등의 금속 자원이 풍부하게 매장되어 있다. 그런데 구리 광석은 0.5퍼센트의 높은 우라늄 성분을 함유하고 있다. 콩고 정부는 더 이상 우라늄을 채굴하지 않는다고 공식 발표했지만, 소규모 집단을 이루어 독립한 많은 광부들은 여전히 삽과 곡괭이로 우라늄을 채굴하고 있다. 그 중요한 광석은 톤당 3500달러라는 좋은 값으로 중간 업자들에게 판매된다. 그 광석이 계속해서 어디로 판매되는지는 알 길이 없다. 공식적으로는 단지 구리 광석이라는 이름으로 이동하기 때문이다.

희토류
모두가 탐내는 금속의 두 얼굴

사람들이 **희토류**라고 부르는 열일곱 개 금속은 지구상에서 가장 인기 있는 원료에 속한다. 희귀한 광물과 결합된 상태로 흙과 같은 **산화물** 속에 존재하기 때문에 그런 이름이 붙었다. 그러나 이름과는 다르게 희토류는 사실 그렇게 '희귀하지' 않고, 다른 금속들보다 상대적으로 풍부하게 매장되어 있다. 다만 압축된 광물 형태가 아니라 복잡한 산화물에서 분리해야 한다. 노벨상을 수상한 화학자 오토 한은 1953년 어느 강연에서 이렇게 말했다. "희토류의 화학적 성질은 처음부터 굉장히 복잡했습니다. 그래서 불행한 화학자들이 수백, 수천 번의 결정화 분류를 통해 개개의 희토류 원소를 분리해 내기까지 오랜 시간이 걸렸습니다."

희토류가 한곳에 풍부하게 매장되어 있는 지역은 없다. 다른 금속과 혼합되고, 암석에 감춰진 상태로 적은 양만 출토된다. 따라서 이 특별한 금속을 충분히 얻으려면 막대한 양의 흙더미를 파헤쳐야 한다. 게다가 매우 까다롭고 반항적인 성질을 갖고 있어서 다른 원소들과의 결합을 풀어 순수한 형태로 분리하기가 무척 어렵다. 그 때문에 화학자들만 불행한 것이 아니라 희토류를 열망하는 많은 사람이 안타까워한다. 희토류를 채굴하고 정제하는 작업에는 많은 비용과 노력이 필요하다. 또한 유독 물질을 사용하기 때문에 심각한 환경오염을 초래할 수 있으며, 방사능을 누출하는 문제도 있다.

그럼에도 희토류의 인기가 높아진 이유는 무엇일까? 오늘날 첨단 기술에 사용되는 **핵심 원소**가 희토류이기 때문이다. 스마트폰, 컴퓨터, 평판 디스플레이, 저에너지 전구를 비롯해 풍차를 움직이는 발전기의 초강력 자석, 태양광 시설, 축전지와 건전지, 광섬유 케이블 등은 희토류 원소가 없으면 생산이 불가능하다. 지난 몇 년 동안 희토류 수요는 급증했고, 많은 산업국가들이 공급량 확보에 문제가 생길까 봐 염려하고 있다. 게다가 그 기묘한 원소들의 가격도 가파르게 상승했다. 그런데 희토류의 세계 시장은 자기만의 법칙을 갖고 있고, 지금은 다른 어느 곳보다 중국에 의해 좌우된다. 전 세계에 분포된 희토류의 38퍼센트가 중국에 매장되어 있지만, 현재 공급되는

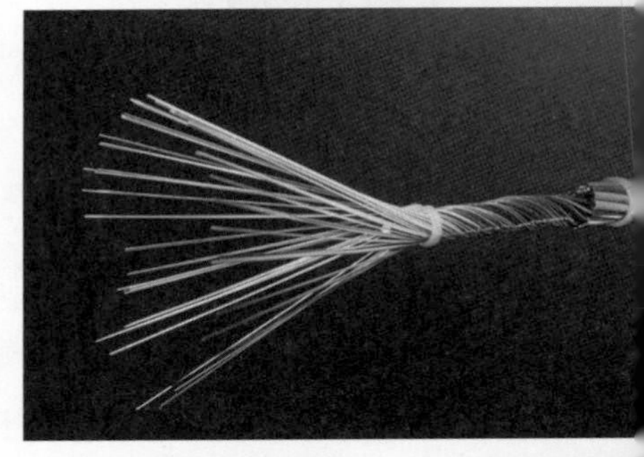

희토류를 이용한 새로운 첨단 기술

희토류의 97퍼센트가 중국에서 채굴되기 때문이다. 중국은 오랫동안 그 귀중한 원소를 아주 싼 가격에 공급해 왔다. 그러나 이제는 새로운 노선을 추구해 공급량을 줄이고 가격을 올렸으며, 자국 기업에 우선적으로 공급하고 있다.

따라서 공급량 확보를 위해 다른 나라의 매장지로 눈을 돌리는 것은 당연한 일이다. 러시아, 오스트레일리아, 브라질, 미국, 캐나다, 그린란드, 중앙아프리카에는 희토류가 상당히 매장되어 있다. 간절히 구하면 얻는다는 말이 있듯이 독일도 최근 라이프치히에서 옛 매장지를 새롭게 발견했다. 그곳에 매장된 광석의 절반 정도가 희토류 산화물을 함유한 것으로 밝혀졌다. 수십 년 전에는 거기에 별다른 관심을 보이지 않았지만, 상황이 달라진 지금이라면 어떨까? 대략적인 산출량이 적어도 4만 1000톤은 된다고 하니 말이다.

카를 아우어 폰 벨스바흐
(1858~1929)

희토류에 속하는 원소로는 세륨, 프라세오디뮴, 네오디뮴, 사마륨, 어븀, 툴륨, 이트륨 등이 있다. 대부분의 희토류는 19세기에 화학 연구실에서 힘들게 발견되었다. 오스트리아 출신의 **카를 아우어 폰 벨스바흐**도 그 신비한 원소들을 끈질기게 연구한 화학자 중 한 명이었다. 그는 1885년 다이디뮴 원소가 원래는 네오디뮴과 프라세오디뮴 원소의 혼합 광물로 구성되었다는 사실을 증명했고, 1907년에 이터븀 혼합 광물에서 루테튬을 분리하는 데 성공했다. 1903년에는 철과 세륨이 들어가는 가장 성공적인 라이터돌을 발명했고, 1906년 **오스람**이라는 상표로 특허를 신청했다. 오스뮴과 텅스텐 합금으로 만든 필라멘트

자동차 생산에 사용되는 희토류

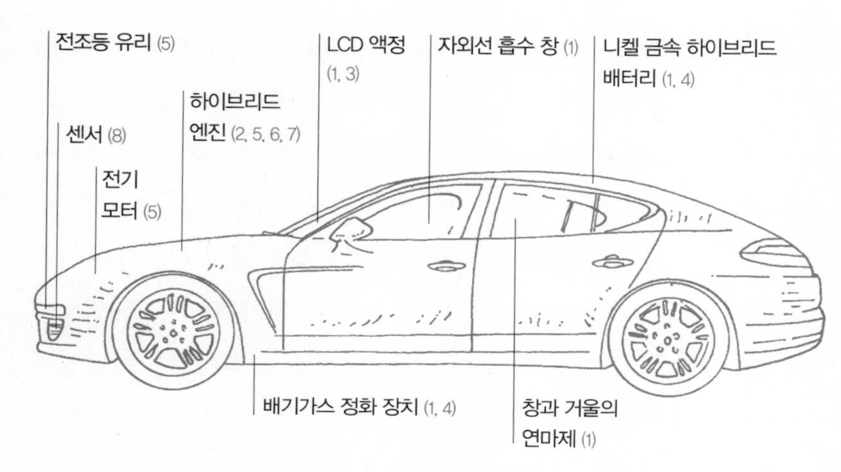

를 사용하는 전구였다.

희토류는 거의 100년 동안 화학자들과 숨바꼭질을 했다. 희토류 원소들은 서로 매우 비슷하다. 일반적으로 은백색을 띠는 부드러운 금속으로 공기 중에서 서서히 산화한다. 전기 전도성은 낮은 편이다. 원소 주기율표에서 **란타넘족에 속하는** 열다섯 개 원소와 스칸듐과 이트륨을 합한 열일곱 개 원소인데, 열일곱 쌍둥이라 할 만큼 비슷하다. 원소들의 화학적 성질은 무엇보다 외부 전자들의 수와 배치에서 결정된다. 그 전자들이 다른 원소들과 결합해야 하기 때문이다. 주기율표를 살펴보면, 모든 원소는 원자핵 속에 양성자를 갖고 있고, 원자핵의 바깥쪽에는 음전하를 띠면서 핵 주변을 도는 전자들이 있다.(중성 원자는 전하를 띠지 않으니 제쳐 두자.) 원자핵과 가까운 곳에 있는 전자는 바깥쪽 껍질에 있는 전자들과는 전혀 다르다. 원자핵 근처의 전자가 움직임이 둔하고 거의 안정된 상태라면, 바깥쪽의 전자는 공격적이고 반응성이 매우 크다. 그런데 희토류 원소들에서는 다르다. 전자들이 바깥쪽 껍질에 배치된 것이 아니라 훨씬 안쪽에 낮은 에너지 상태로 존재한다. 따라서 이 원소들에는 더 채워질 수 있는 공간이 남아 있다. 물론 각 원소들은 훨씬 더 복잡한 구조를 갖고 있고 간단하게 설명하기는 어렵다. 다만 한 가지만 분명하게 언급하자면, 희토류 원소들의 외부 껍질은 서로 차이를 구별할 수 없을 만큼 화학적으로 동일하다. 그 때문에 각각의 희토류 원소를 구분하고 분리하는 일은 무척 어렵다. 수많은 기술에 사용할 때는 그럴 필요도 없는데, 혼합물로도 사용 가능하기 때문이다.

희토류 원소는 오랫동안 화학자들의 서랍 속에만 들어 있었다. 주기율표에서도 별다른 관심을 받지 못했고, 기술에 활용될 가능성도 낮아 보였다. 그러나 금속 합금 기술이 나날이 발전하면서 상황이 달라졌다. 합금을 통해서 특정한 성질을 가진 금속이 만들어졌으며, 트랜지스터와 같은 전자 부품이 대표적이었다. 그와 함께 희토류도 새롭게

주목을 받았다. 무엇보다 광학적, 전자기적 성질에 관심의 초점이 모였다. 합금에서는 희토류가 다른 금속들에게 일종의 비타민과 호르몬이나 다름없었다. 금속들의 격자 결합에 희토류를 아주 조금만 첨가해도 전자들을 원하는 방향으로 움직일 수 있었다. 예를 들어 네오디뮴은 철제 자석을 높은 온도에서도 인력을 잃지 않는 강력한 영구자석으로 만들었다.

중국 바이윈어보 노천 채굴장의 단면

현재 희토류는 화학 원소들 중에서 거의 기적을 행하는 원소로 여겨져 감탄의 대상이 되었다. 미래를 이끌 첨단 기술 제품들을 대변하고, 석유와 석탄, 천연가스 등 화석 연료의 사용을 줄여 줄 친환경 '녹색 기술'에서도 중요한 역할을 한다. 환경오염 문제의 해결사이자 대기 중 이산화탄소 배출이 사라지는 깨끗한 미래의 전령으로 여겨진다. 그러나 희토류는 동시에 전혀 다른 얼굴을 드러내는데, 바로 채굴과 관련된 어둡고 더러운 측면이다.

가장 눈에 띄는 예가 몽골에 있는 **바이윈어보** 노천 채굴장이다. 바이윈어보는 세계 최대 규모의 희토류 광산이다. 이곳에는 땅속 깊이 1000미터에 이르는 거대한 구덩이가 생겼다. 철광석과 나이오븀이 채굴되지만, 무엇보다 누구나 탐내는 희토류 원소가 함유된 바스트네사이트와 모나자이트 광석이 채굴된다. 넓게 펼쳐진 달 표면을 떠올리게 하는 지역으로, 약 1억 5000만 톤의 흙으로 뒤덮인 언덕들이 층층이 이어져 있다. 바람이 불면 유독성 먼지가 회오리를 일으키며 더 먼 주변 지역까지 날아간다. 채굴장 옆으로는 약 12킬로미터 길이의 인공 호수가 펼쳐져 있는데, 금속을 얻는 과정에 꼭 필요한 유독한 화학 물질로 가득하다. 바로 이것이 장밋빛 희망에 찬 희토류 세계의 또 다른 측면이고, 중국이 오늘날 이 시장을 독점하게 된 이유를 설명하는 점이기도 하다. 다른 나라들은 그처럼 더러운 일을 가급적 피하고 싶어 했다. 설령 최선의 안전 조치를 취한다고 해도 희토류 채굴에는 언제나 심각한 환경오염과 여러 위험 요소들이 결합되어 있기 때문이다.

매장지는 대부분 깊은 땅속이기 때문에 갱을 파야 한다. 또한 광물들을 분리하기 위해서는 화학 용액을 높은 압력으로 암석에 쏘아야 한다. 그런 다음에는 그 용액을 다시 퍼내야 금속을 얻을 수 있다. 이 방법에서 가장 심각한 문제는 지하수가 흐르는 암석층의 손상 가능성이다. 그럴 경우 유독한 화학 용액이 지하수를 오염시키기 때문이다. 게다가 희토류를 채굴할 때 대부분 방사능도 누출된다. 캘리포니아 마운틴패스 광산에서 사고가 났을 때도 그런 사실이 확인되었다. 결국 광산업체는 2002년에 채굴을 중단했다. 더 엄격해진 환경보호 조건들을 충족하기 위한 비용이 높아서 채굴 수익성이 낮아졌고, 그

남아메리카의 하얀 금

리튬은 알칼리 금속이고, 은백색을 띠며 부드럽다. 가장 가벼운 고체 원소로 180도에서 녹는다. 희토류는 아니지만, 그에 못지않게 인기가 높은 금속이다. 리튬이 있어야만 아주 작은 배터리와 축전지를 생산할 수 있다. 예를 들어 리튬 이온 전지가 없으면 전기 자동차는 생각도 할 수 없을 것이다. 그래서 리튬은 미래 자동차의 희망으로 여겨진다. 칠레와 아르헨티나가 세계 리튬 시장에서 가장 중요한 나라들이다. 그러나 아직 채굴되지 않은 최대 매장지는 가난한 나라인 볼리비아에 있다. 리튬 원소는 해발 4000미터에 위치한 메마른 **우유니 소금 호수**의 소금에 들어 있다. 그러나 대규모 증발 장치를 이용해 소금물에서 리튬을 추출하는 일은 기술적으로 여전히 어려운 문제다. 자동차 회사들을 비롯한 전 세계 대기업들이 전문가들을 그곳 소금 호수로 보내 연구하고 있고, 볼리비아 정부 대표들을 상대로 중개업자들을 파견하고 있다. 그러나 볼리비아는 자신들의 '하얀 금'을 싼값에 내주지 않고 직접 통제하려고 한다. 희귀 자원을 둘러싼 전형적인 상황이다. 한쪽에서는 연구와 실험이 진행되고, 다른 쪽에서는 가격을 둘러싼 협상이 벌어진다.

때만 해도 중국이 싼값에 대량으로 희토류를 공급했기 때문이다. 그러나 희토류 가격이 상승하면서 마운틴패스 광산은 2010년에 다시 문을 열고 생산량을 계속 늘려 갔다.

낡은 기기들에 포함된 원료에서 희토류를 다시 얻어 내는 것이 아직 어렵다.

가격 상승에 깜짝 놀란 다른 선진국들도 점점 증가하는 수요를 확보하기 위해 대책을 세우고 있다. 독일은 최근에 카자흐스탄과 희토류 공급 계약을 체결했는데, 그곳의 열악한 인권 상황 때문에 여론의 강력한 비판을 받았다. 현재 전 세계적으로 약 400여 곳에서 탐사 작업이 이루어지고 있다. 그러나 거기서 상당한 양을 채굴하기까지는 적어도 10년 이상 걸릴 것이다. 따라서 중국의 주도적인 지위를 빠른 시일 내로 무너뜨릴 수는 없다. 중국은 채굴 기술만 축적한 것이 아니라 희토류 원소 연구에서도 상당한 발전을 이루었다.

이러한 상황을 보면서 당연히 다음과 같은 질문을 하게 된다. 오래된 기기나 폐기물들에서 희토류 원소를 **재활용**할 방법은 없을까? 다른 금속들의 경우 적어도 기술적으로는 재활용 방법이 광범하게 연구되었지만, 희토류의 재활용은 아직 걸음마 수준에 머물러 있다. 고집스럽고 변덕스러운 이 원소들이 재활용 분야에서도 기술자들의 바람대로 쉽게 움직이지 않기 때문이다. 지금까지는 말이다. 두 얼굴을 가진 이 금속 기대주들은 앞으로도 많은 논쟁을 불러일으킬 것이다.

볼리비아 우유니 소금 호수

알아보기

도시의 쓰레기 더미에서 보물찾기

사냥은 벌써 시작되었고, 미래의 채굴은 우리의 바지 주머니에서 이루어진다. 어쨌든 지금의 목표는 그것이다. 도시에서 나오는 생활 쓰레기는 그 어느 때보다 매력적이고 귀중한 자원이 되었다. 우리가 사용하는 스마트폰, 태블릿 컴퓨터, 평면 텔레비전, 저에너지 전구, 면도기, 전동 칫솔, 우리의 부엌에 있는 모든 전자 제품이 귀중한 원료이다. 전문가들은 도시의 각종 전자 기기 폐기물에서 금속 자원을 회수해 재활용하는 일을 **도시 광산업**이라고 말한다. 개인 사업자와 지방자치단체가 운영하는 처리 시설들이 직접적이고 치열한 경쟁 관계를 이루고 있다. 도시 광산업에서는 **회수**하기가 특히 어려운 희토류만 다루는 것은 아니다. 그러나 희토류 원소는 공급 부족 현상이 유난히 두드러지기 때문에 이런 식의 재활용을 위한 노력도 활발하다. 지난 몇 년간 가격이 상승한 모든 금속이 관심 대상인데 금, 은, 구리, 팔라듐, 코발트, 리튬 등이다. 이 원소들을 채굴하려면 막대한 에너지와 물이 필요하고 환경이 파괴된다. 따라서 이들을 다양하게 재활용하는 것은 우리 모두가 지켜야 할 계율이나 다름없다.

뛰어난 변신술사인 금속은 회수해서 사용하기에 가장 적합한 자원이다. 예상치를 보면 정말 깜짝 놀랄 정도인데, 낡은 휴대폰 40대에서 회수하는 금이 1톤 광석에서 얻을 수 있는 양과 같다고 한다. 독일에서만 1년에 거의 1000만 대의 휴대폰이 버려지는데, 그중에서 재활용되는 수치는 약 15퍼센트에 불과하다. 지금은 버려진 기기들 중 상당수가 중고품인 것처럼 허위로 표기되어 외국으로, 주로 **아프리카와 아시아**로 빠져나간다. 그중 일부는 놀라운 솜씨로 재조립되어 다시 사용되기도 하지만, 대부분은 각종 폐기물이 산더미처럼 쌓인 거대한 쓰레기 집하장으로 보내진다. 그러면 가난한 사람들 중에서도 가장 가난한 사람들은 거기서 찾아낸 낡은 기기들과 노트북, 컴퓨터 모니터와 평면 텔레비전 등을 가열해 전자 부품과 금속을 추출한다. 그들은 매일 유독한 증기를 들이마시면서 일하고, 거기서 얻은 원료를 팔아서 생계를 이어 간다. 그러나 그 사람들에게 이익을 주기보다는 피해를 입히는, 이런 원시적이고 비생산적인 재활용 방법은 중단되어야 한다.

기센 대학의 슈테판 개트 교수도 "우리의 쓰레기는 수백만 유로의 가치가 있다."라고 말했다. 토양학 교수인 그는 '도시 광산업'의 또 다른 계획으로 옛 쓰레기 매립장의 **재생**을 제시

했다. 아직 쓰레기 분리수거가 일상화되지 않았던 1960~1970년대에 땅속에 묻은 쓰레기들에서 자원을 회수해야 한다는 것이다. 당시에는 쓰레기를 땅속에 묻어 그 위로 풀이 자라게 하면 문제가 해결되는 것으로 여겼다. 지금은 오래된 쓰레기에서 새로운 가치를 발견하고 있다. 그러나 옛 쓰레기 매립장을 다시 파헤친다는 것, 우리의 가까운 과거를 돌아본다는 것은 상당히 어려운 일이다. 금속 가격이 계속해서 상승하면서 그런 계획까지 나오게 한 것이다. 오늘날의 모토는 **금속 자원 순환**이다.

강편과 투구
강철과 청동으로 된 예술

하늘에서 뚝 떨어져 깊은 땅속에 박힌 것처럼 거대한 **강편** 하나가 약간 비스듬하게 서 있다. 강편은 강철 덩어리를 압연해서 원하는 모양으로 잘라 놓은 조각을 뜻한다. 「루르 지역을 위한 강편」이라는 제목이 달린 예술 작품의 주된 재료이기도 하다. 이 작품은 높이 15미터, 폭 4미터, 두께 13.5센티미터의 적갈색 조형물로 마치 느낌표와 같은 인상을 자아낸다. 독일 에센의 폐광 지역인 슈렌바흐할데 정상에 우뚝 솟아 있어서 멀리서도 잘 보인다. 슈렌바흐할데는 1986년까지 석탄을 채굴할 때 파헤친 흙더미를 쌓아 두던 곳으로 약 50미터 높이의 언덕이 형성되었다. 흙더미와 세로로 우뚝 선 67톤짜리 강철 덩어리 말고는 아무것도 없다. 엄청난 무게지만 13미터 땅속에 박혀 있기 때문에 쓰러질까 봐 걱정할 필요는 없다.

「루르 지역을 위한 강편」은 1998년에 이곳 광산 지역의 한가운데

그라피티가 들어간 「루르 지역을 위한 강편」

세워졌다. **루르 지역**은 독일을 대표하는 공업 지대였다. 이곳에서 석탄을 채굴했고, 독일의 공장들과 제련소에 에너지를 공급했다. 그런 점을 떠올릴 때, 이 거대한 강철 조각은 이곳 광산업을 상징하는 기념비이기도 하다. 미국 조각가 **리처드 세라**가 고안했다. 세라의 작품은 전 세계 박물관에서 볼 수 있는데, 특히 야외에 설치된 경우가 많다. 세라는 처음에 고무로 작업을 했고, 납을 거쳐서 마지막에는 강철을 자신의 주재료로 삼았다.

세라의 작품에서는 재료 고유의 성질이 고스란히 드러난다. 그것이 리처드 세라라는 예술가가 이 장의 첫머리에 나오는 이유이다. 그는 아주 조금이라도 인간이나 동물을 떠올리게 하는 형태와 형상은 만들지 않았다. 그의 작품은 추상적이다. 그는 새로운 형태를 고안했고, 공간을 창조하려고 했다. 그의 조각은 사람들이 지나다니는 곳에 설치되었고, 각각의 주변 환경과 가장 잘 어울리는 위치에 세워졌다. 그 조각들은 시선을 활짝 열어 주는가 하면 가로막기도 한다. 세라는 때로 주변을 함께 형상화하기도 한다. 그것은 슈렌바흐할데에 세워진 강철 조각의 예술적 의미와는 명백히 대립되는 점이다. 그 강철 조각은 아무것도 없는 벌판에 홀로 방해받지 않고 서 있기 때문이다. 세라에게는 무엇보다 재료 자체의 표면이 중요했고, 나아가서는 그 재료의 순수한 무게, 즉 묵직함도 중요했다. 그러면서도 강철판에 우아함과 유연함, 금속에서는 느끼기 어려운 경쾌함을 부여했다.

세라는 언젠가 자신의 예술 작품을 그 자체로만 의미가 있는 "기능이 없는 조각"이라고 말했다. 바로 그 때문에 그의 작품을 재료에 대한 경의라고도 할 수 있다. 그러나 그의 조각은 동시에 수많은 이야기를 전하기도 한다. 석탄 채굴 지역의 흙더미 위에 세워진 강철판은 200년 동안 그곳 사람들이 살아온 삶을 한눈에 보여 주는 아주 짧은 역사이기 때문이다. 사람들이 한때 땅속에서 꺼냈던 금속이 이제는 그 금속을 녹이고 제련하던 석탄의 잿더미에 박혀 있는 것이다. 그런데 세라의 강철판은 세로로 서 있고, 그것은 결코 자연스러운 자세가 아니다. 뜨겁게 달궈진 강철 덩어리는 원래 누운 채로 회전하는 압연기의 롤 사이로 들어가 강철판의 형태로 만들어지니 말이다. 그처럼 아주 추상적인 예술 작품들도 과거의 기억을 떠올리게 하고 상상력을 펼치게 한다.

압연 공장의 뜨겁게 달궈진 강철판

그런 강철 조각들은 물론 아틀리에에서 만들어지지 않는다. 예술가는 그런 작품을 만들 때 경험이 풍부하고 기술이 우수한 금속 가공 업체를 선택해 함께 작업한다. 밖에서 볼 때는 지극히 단순하고 분명한 대상처럼 보일 수 있지만, 기술자의 숙련된 솜씨가 필요한 매우 까다로운 작업이다. 그들은 거대한 강철판에 예술가가 원하는 대로 생동감을 불어넣어야 한다. 그들의 숙련된 작업과 기계의 힘을 통해서 강철은 하나의 예술 작품이 된다. 세라는 1990년대 중반 독일 지겐에 있는 피크한이라는 기업을 찾아냈다. 그런 다음 뉴욕에서 자신의 설계안을 팩스로 보내 그대로 만들 수 있을지 문의했다. 가족끼리 운영하던 그 회사는 당시 주문량이 부족해서 심각한 경영 위기를 겪고 있었다. 세라의 주문이 그들을 구했고, 모든 것이 달라졌다. "세라의 요구 사항들은 우리의 능력을 한계치까지 몰고 갔습니다. 우리는 이 첫 조각품을 최대한 완벽하게 만들고 싶었습니다." 작업은 성공적이었다. 그 뒤

딜링겐/자르에 있는 리처드 세라의 강철 조각 「시점」과 제련소

로 지겐의 이 '변형 기술자'들은 줄곧 세라와 함께했다. 또한 예술의 발견은 전혀 예상치 못한 새로운 관점을 열어 주었다. 조각을 만들면서 새로 배우고 실험한 것들을 곧 석유 시추 장비와 선박 부품들을 생산하는 데도 적용할 수 있게 된 것이다. 결국 피크한 입장에서는 세라의 작품이 '기능이 없는 조각'이 아니었다. 위기에 처해 있던 그들의 구세주였고, 언제나 새로운 해결 방법을 생각하고 새로운 형태를 만들어 내게 하는 자극제였다.

세라에게도 지겐으로 가서 자신이 주문한 조각을 실제로 보면서 크기와 무게를 확인하는 순간은 언제나 특별했다. 그는 완성된 조각을 날카로운 매의 눈으로 훑어보기 시작했다. 어떤 부분은 칭찬하고, 어떤 부분은 잘못을 지적하면서 수정하라고 요구했고, 용접한 자리를 만져 보고 표면을 검사했다. 그럴 때는 예술가라기보다는 사업가의 모습이었다. 이렇게 세워진 조각들은 굉장히 위험해 보이지만 쓰러지지 않는다. 누구도 추상 예술이 재미없다고는 말하지 못할 것이다. 또한 강철이 단조롭고 지루하다고도 말하지 못할 것이다.

리처드 세라와는 달리 영국 조각가 **헨리 무어**의 조각은 추상적이지 않다. 그는 자연의 형상에서 영감을 얻어 작품을 만들었지만, 그 역시 단순한 모방은 원치 않았다. "나는 내 조각들이 강인함과 힘, 생동감과 활력을 발산하기를 바란다. 그래서 내부의 압력이 그러한 것들을 폭발시키려 한다는 느낌을 받았으면 한다." 헨리 무어의 작품도 세계 곳곳의 광장과 건물 앞, 공원에서 유기체의 형태로, 일정하게 양식

화된 형상으로 만날 수 있다. 그는 이런 말을 했다. "조각가는 형태와 형식에 사로잡혀 있다." 그러한 열중은 그가 사용하는 재료와 재료의 무게, 구조와 표면, 빛 속에서 이루어지는 색채의 변화로 확장된다. 헨리 무어는 뼈와 같은 자연적인 형태에 매료되었다. 그는 돌과 대리석, 나무를 이용해서도 작업했는데, 청동 작품들이 가장 유명하다. 그러나 젊은 시절에는 청동으로 작업을 할 수 없었다. "청동 주조는 무척 비쌌다. 나는 1950년까지지도 내가 만든 모든 금속 조각에 청동을 입히는 게 너무 비싸다고 생각했다. 그 때문에 몇몇 작업은 처음부터 납을 입힐 수 있게 구상했다. 납은 청동보다 녹는점이 훨씬 낮았기 때문에 부엌에서 사용하는 일반 냄비와 스토브로도 녹일 수 있었다." 그때는 아마 남자가 부엌에서 뭔가를 만든다는 게 즐겁기도 했을 것이다. 그런데 그가 요리한 것은 독성이 있는 납이었다. 만약 예술가의 자취를 따라 납을 녹여 보고 싶은 사람이 있다면, 정원에서 캠핑 버너를 이용해 그 과정을 직접 해 볼 수도 있다.

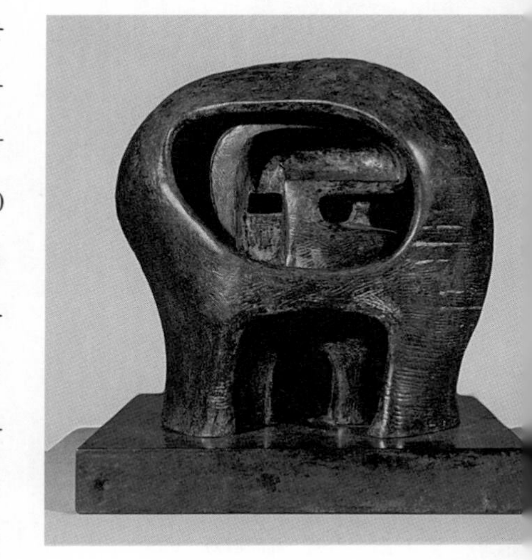
「투구 머리」, 청동 주조 3번

무어는 석고와 돌가루를 섞어서 거푸집을 만들었다. 그런 다음 밀랍으로 만든 형태를 거푸집의 중앙 틀에 맞게 배치했고, 겉껍질이 될 석고 혼합물을 그 위에 다시 부었다. "이제 전체를 벽돌 가마에서 가열한다. 가열이 진행되는 동안 밀랍은 녹아서 아무것도 남지 않고 그 텅 빈 공간으로 녹은 납이 흘러 들어가 주조된다." 이어서 줄로 다듬는 작

업이 이루어지고, 계속해서 마지막 과정에 들어간다. "경석 가루와 금속 연마재를 이용하는데, 그러면 납에서는 보기 드문 멋진 표면을 얻게 된다. 그것은 연마되지 않은 납과는 완전히 달라서 에나멜을 입힌 것 같다." 이처럼 젊은 시절의 헨리 무어는 형태를 빚어서 거푸집을 만들고 그 틀에 재료를 넣고 구워 조각을 완성하기까지 모든 과정을 자기 손으로 직접 했다. 나중에 청동 작품들을 만들 때는 청동 주조소에서 작업이 이루어졌다.

「앉아 있는 여인」, 슈투트가르트

헨리 무어의 조각들은 독일 여러 곳에서도 만날 수 있다. 뮌스터에는 「소용돌이」, 뮌헨의 노이에 피나코테크 미술관과 슈투트가르트의 노이에 슈타트 갤러리 앞에는 「앉아 있는 여인」, 고슬라어의 카이저팔츠에는 「고슬라어의 전사」, 본의 옛 수상 관저 앞에는 「두 개의 큰 형상」, 뒤셀도르프 호프가르텐 공원에는 「두 개의 부분으로 된 앉아 있는 형상」이 있다. 무어가 죽기 직전에 완성한 마지막 작품 「나누어진 큰 타원형–나비」는 베를린 콩그레스할레 국제 회의장 앞 연못 위에 세워져 있다.

세라와 무어가 처음에 자신들의 작품을 세상에 내놓았을 때는 거의 이해를 받지 못했다. 사람들은 그것이 무슨 예술 작품이냐고 물었다. 그러나 세라와 무어의 작품은 사물을 바라보는 우리의 시각에 생각보다 많은 영향을 주었다. 두 사람은 현대 미술의 대표적인 조각가로 손꼽힌다. 그들은 일관되게 자신만의 예술을 추구했고, 힘이 넘쳤다. 그들이 선호하던 재료인 강철과 청동이 그 점을 잘 보여준다.

「두 개의 큰 형상」, 본

재료 선택에서 '부적절하다'라는 느낌을 주는 다른 두 작품을 더 살펴보자. 독일 화가이자 조각가인 **안젤름 키퍼**는 납으로 제트 전투기를 만들었는데, 아주 이상하고 무겁고 괴이한 형체라는 느낌을 준다. 그 조각의 수수께끼 같은 제목은 「양귀비와 기억」이다. 키퍼의 또 다른 조각 작품인 「인구 조사」는 더 무겁다. 납으로 만든 큰 책들이 꽂혀 있는 거대한 강철 책장인데, 높이 4미터에 너비 6미터, 길이는 8미터에 이른다. 베를린 현대 미술관에 설치되어 있다. 책장의 작은 틈을 통해 안쪽 공간의 낯선 세계로 들어가면 납으로 만든 두꺼운 책들에 둘러싸이게 된다. 그 책들의 안쪽에는 글자가 아닌 완두콩이 들어 있다. 거기 들어가면 수천 년 된 도서관에 와 있는 기분이 든다. 납으로 된 세계라 그다지 좋은 느낌은 아니다. 이처럼 금속은 뭔가 섬뜩한 기분을 불러일으킬 수도 있다.

또 다른 예술가의 작품은 더 경쾌하고 편안해 보인다. 스위스 조각가 장 팅겔리는 버려진 폐기물들로 작업했다. 그의 조각은 이상한 형

태의 기계들이고, '자유롭고 즐겁다.' 그는 철판과 철사, 자전거 바퀴, 낡은 공구들로 작품을 만들었고, 전기 모터를 이용해 움직이게 했다. 그의 조각들은 덜거덕거리고 요란한 소리를 내며 저돌적으로 움직인다. 무한히 반복되는 움직임 속에서 기계들 자체의 예술적 분위기를 자유롭게 자아낸다.

납으로 만든 제트 전투기
안젤름 키퍼, 「양귀비와 기억」

현장을 찾아서
삶의 종소리
-주종소 답사

관광버스 자리는 다 차지 않았다. 그래도 헬름슈테트 근처 마을에 사는 주민들 가운데 20여 명은 이번 답사를 놓치지 않으려 했다. 오늘은 성 페트리 교구의 성당에 달 종 두 개를 새로 만드는 날이었다. 버스는 해가 뜨기 전인 새벽 6시에 출발했다. 버스에 탄 사람들은 대부분 졸고 있었고 낮게 중얼거리는 소리도 들렸다. 목표지는 카를스루에였다. 고속도로로 700킬로미터를 가야 하는 꽤 먼 거리였다. 20여 명의 단출한 단체는 기대감에 차 있었다. 부활절을 앞둔 금요일인 오늘, 버스는 오후 2시경 카를스루에 시 외곽 지역에 있는 **바헤르트 주종소**에 도착할 예정이다.

그러니 특별한 날이었다. 다들 종이 만들어지는 과정을 궁금해했다. 어쩌면 대충은 상상하고 있을지 모른다. 누군가는 프리드리히 실러가 쓴 「종의 노래」에 나오는 구절을 떠올릴 수도 있다. “땅속에 벽돌

'구'와 '수'라는 두 개의 기본 음을 가진 중국 종

로 단단히 쌓아/ 점토로 구운 형태가 서 있다." 그러나 이 여행이 중세로 향하는 매우 독특한 시간 여행이 되리라는 사실은 잘 모를 것이다. 종은 지금도 수백 년 전과 거의 똑같은 방법으로 주조되고 있기 때문이다. 독일에는 현재 세 곳의 주종소만 남아 있다. 호기심에 찬 교구 사람들은 오늘 부글부글 끓어 벌겋게 가열된 청동이 새로운 형태로 만들어지는, 특별한 재료 탐구를 경험하게 될 것이다.

그런데 종은 무엇이고, 그것은 과거와 현재의 사람들에게 어떤 의미가 있을까? 종은 단순히 교회와 성당의 탑에 매달려 일요일이면 사람들을 예배당으로 부르는 악기에 불과할까? 아니면 시계탑에서 매일 30분이나 한 시간마다 소리를 내서 시간을 알리는 도구일 뿐일까? 그것도 아니면 유럽의 특징이 새겨진 서양 문화의 하나일까? 오스트리아 역사가 프리드리히 헤어는 유럽의 공통된 뿌리를 특징적으로 나타내기 위해 "종들의 유럽"이라고 말했다. 그러나 종은 훨씬 더 오래 전부터 만들어졌고, 다른 문화권에서도 고유한 자리를 차지했다.

중국에서는 약 5000년 전부터 주종 기술이 발달했다. **중국 종**에는 구Gu와 수Sui라는 두 곳의 타종 지점이 있었고, 그에 따라 기본음도 두 개였다. 기원전 5세기 대사구[형조 판서로서 현재의 법무부 장관에 해당한다.]에 오른 공자는 모든 종이 정확한 소리를 내게 하는 것을 자신의 중요한 과제 중 하나로 삼았다. 철학자로서 질서와 조화, 일치를 평화로운 사회의 토대로 보았기 때문이다. 종 연구 전문가인 쿠르트 크라머는 종이 중국의 '소리굽쇠'였다고 했다. 공자의 노력 덕분에 종들의 소리는 정확하게 일치했다. 중국인들은 종을 뒤집어서 그 빈 공간에 곡물과 쌀을 담아 분량을 헤아리는 도구로도 사용했다.

종은 숭배의 대상이었고 **종교적 악기**였으며, 종소리는 신의 메아리로 받아들여졌다. 중국에서만 그런 것은 아니었다. 인도의 음악 이론에서는 종이 모든 음과 음악의 샘으로 여겨졌다. 종교의식을 치를 때는 예식 복장에 종을 매달고 손잡이가 달린 작은 종을 흔들었고, 그 조화로운 소리로 악을 몰아냈다. 불교에서도 커다란 종이 없는 절은 생각할 수 없었다. 때로는 종에 대한 과도한 애정이 재정 파탄을 불러오기도 했다. 19세기 초 옛 버마 왕국 시절에 주조한 유명한 밍군 종이 그런 경우였다. 이 종은 무게가 90톤에 지름이 약 5미터로 당시 세계 최대의 종이었다.

버스는 정확히 예정된 시간에 바헤르트 주종소의 마당으로 진입했다. 그곳에는 이미 많은 사람들이 모여 있었다. 다른 두 곳의 교구에서도 종을 주문했기 때문에 오늘 만들어지는 종은 모두 네 개였다. 그러나 그사이 주종소를 둘러볼 시간은 충분했다. 종 주조는 복음서 내용을 토대로 하는 옛 전통에 따라 오후 3시에 시작된다고 한다. 마가복음에서 십자가에 못 박힌 예수가 죽은 시간이라고 얘기하는 '제9시'이다. 유대교에서는 이 시간 체계를 따라 새벽 6시에 하루가 시작된다.

기능장 바헤르트 씨가 도제들과 마지막 준비를 하는 동안 바헤르트 씨의 부인이 방문객들에게 인사했다. 주위에는 크기와 모양이 제각각인 종들이 놓여 있었다. 어떤 것들은 주조된 직후인지 거칠고 광택이 없었고, 어떤 것들은 마무리 과정을 거쳐 광택이 나고 은백색으로 반짝거렸다. 금속들 사이에서 굵은 참나무 각재들이 유난히 눈에 띄었다. 참나무는 종가鐘架를 만들기에 가장 좋은 **건축용 목재**였다. 한쪽에는 붉은 벽돌이 쌓여 있었고, 그 옆에는 **짚더미**가 거의 지붕에 닿을 정도로 높이 쌓여 있었다. 이곳에 놓인 여러 거푸집들을 보면 그런 짚더미를 어디에 쓰는지 바로 짐작할 수 있다. 거푸집의 모양은 종처럼 생겼지만, 잘게 자른 짚과 점토를 한데 섞어서 구운 거친 형태였다. 종에 잠옷을 입힌 것 같은 특이한 모양이었다. 그 밖에도 작업대들과 도르래, 철제 기둥들도 보였다.

중세 초기 종은 이집트와 북아프리카, 다음에는 스페인, 이탈리아, 남프랑스를 거쳐 중부 유럽으로 전해졌다. 당시에는 수도원의 수사들이 주조 기술을 익혀 종을 만들었고, 아일랜드 수사들의 솜씨가 특히 뛰어났다. 종은 기독교 공동체 안에서 십자가에 이은 두 번째 상징으로 점점 발전했다. 교회에서는 종소리로 예배 시간을 알렸다. 그러다가 12세기 말기에 이르면서 주종 기술은 수도원이 아닌 도시의 수공업으로 넘어갔다. 주종소들은 대규모 교회가 지어지는 현장 근처에서 작업을 했다. 주조 기술자들의 경험과 솜씨가 쌓이면서 종이 점점 더 커

디케 피터의 추

2011년 1월 6일 동방박사 축일을 기념하는 종이 울리다가 갑자기 소리가 멎었다. '디케 피터'(뚱뚱한 베드로)는 **쾰른 대성당**에 걸려 있는 성 베드로 종의 애칭이며 진자 운동을 하는 세계 최대의 종이다. 쾰른 사람들은 특별한 축제일에 울리는 그 거대한 종의 소리를 사랑한다. 그런데 대체 무슨 일이 생긴 걸까? 종에 달린 3.2미터 길이의 추가 깨져서 떨어진 것이었다. 무게가 800킬로그램이던 추는 57년 만에 수명이 다해서 종탑의 중간 천장으로 떨어졌고, 결국 새 추를 만들어야 했다. 1200도의 고온에서 달궈진 강철을 단련하는 데만 다섯 시간이 걸렸다. 그다음에는 초음파 검사에 따라서 기술감독협회TÜV의 공식 인증을 받아야 했다. 추를 매다는 일은 네덜란드에서 온 전문가들이 맡았다. 드디어 12월 7일 쾰른 사람들은 대성당 앞 광장에 서서 보수한 종에서 울리는 강한 소리에 귀를 기울였다. 그런데 새로운 추의 보증 기간이 3000년이라고 하니 놀라울 따름이다.

지고 무거워져, 가까운 거리에서 작업하는 것이 유리했다. 종의 형태도 종이컵을 엎어 놓은 모양에서 위는 좁고 아래쪽으로 부드러운 곡선을 그리며 넓어지는 나팔꽃 모양으로 바뀌었다. 그것은 새로운 소리를 탄생시켰고, 전보다 경쾌하고 덜 둔탁한 소리로 사람들을 교회로 불러 모았다. 아름다운 이름이 붙으면서 유명해진 종도 생겼다. 1497년에 주조된 에어푸르트 대성당의 **'글로리오사'**, 1449년에 주조된 쾰른 대성당의 '스페치오사', 프라이부르크 대성당의 '호산나', 빈의 슈테판 대성당에 있는 '푸머린', 파리의 노트르담 성당에 있는 '엠마뉘엘'과 '마리' 등이다.

주종 원리는 퍽 단순하다. 구덩이에 돌과 점토로 된 형태를 만드는 일로 작업이 시작되며, 모두 세 개의 형태가 필요하다. 먼저 단단하고 견고한 내형을 만들어야 하는데, 이것은 나중에 완성되는 종의 빈 공간에 해당한다. 다음에는 내형 위에 '가짜 종' 또는 모형 종을 입힌다. 이 두 번째 층은 주조하기 전에 제거되어 금속이 흘러 들어갈 공간을 만들어 준다. 마지막으로 가짜 종 위로 외형을 얹는다. 마치 정확하게 포개지는 세 개의 화분과 같다. 이 형태를 완성하기까지 며칠이 걸린다. 본래의 주조 과정에 들어가기 전부터 모든 일은 극도의 긴장감 속에서 이루어지는데, 조금이라도 실수가 생기면 전체 작업이 수포로 돌아가기 때문이다.

다시 한 번 정확히 살펴보자. 벽돌을 쌓아 내형을 만든 다음 그 위에 점토층을 매끄럽게 입힌다. 이 작업을 위해서 종의 정확한 중심축에 철제 막대를 설치한다. 그 막대에 종 내부의 곡선 흐름과 일치하게 미리 본을 뜬 나무틀을 설치한다. 내형 위에 점토를 바른 뒤 나무틀을 회전시키면서 점토층이 고르게 발리도록 매끄럽게 다듬는다. 내형이 완벽해지면 이제 잘 말려야 한다. 이어서 내형 위에 모형 종을 입힌다. 이때 가장 먼저 하는 일은 종의 내형 위에 수지를 바르는 것이다. 내형과 모형 종이 달라붙는 것을 막기 위함이다. 두 번째 과정은 종의 외부 측면 선에 맞게 나무틀을 새롭게 설치하는 것이다. 그런 다음 다시 점토를 바르고 정확한 형태가 완성될 때까지 계속해서 나무틀을 돌린다. 완성된 형태가 잘 마르면 이번에도 수지를 바른다. 이어서 **종 장식**을 앉힌다. 여러 가지 무늬와 글자 등의 장식은 밀랍으로 만드는데, 주종소에 딸린 작업장에서 그 밀랍 주형들을 만든다. 이제 세 번째 화분이 남았는데, 짚과 점토를 섞어 만든 반죽을 바른다. 이 외형은 아주 두툼하게 발라야 하는데, 구덩이 안에서 형태가 만들어지는 동안 가해지는 강한 압력과 나중에 흘러들어오는 청동의 압력을 견뎌야 하기 때문이다.

벽돌을 쌓아 점토를 바른 종의 내형과 그 위에 역시 점토로 빚은 모형 종. 모형 종은 '가짜 종'으로 불리기도 한다.

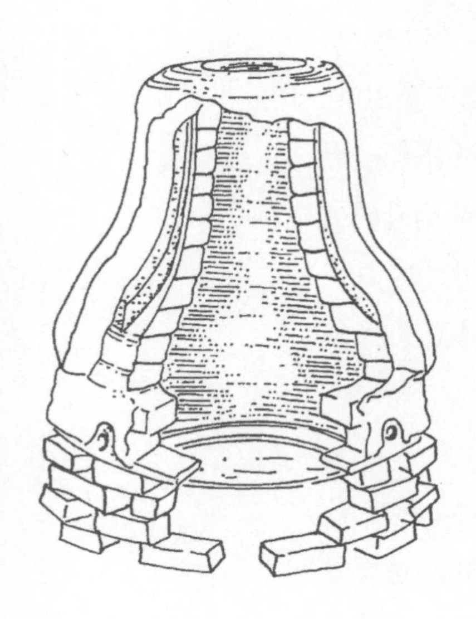

외형을 말린 다음에는 바람을 통하게 하면서 내부를 정확하게 검사한다. 글자와 무늬는 모두 잘 새겨졌나? 이어서 모형 종을 깨뜨려 제거한다. 종의 내부 공간을 지탱해 주는 역할을 다했기 때문이다. 이제 둥글게 판 주조 구덩이 안에 내형과 외형을 배치한다. 나중에 종이 완성되려면 그 두 형태가 얼마나 정확하게 배치되어야 하는

지 짐작할 수 있을 것이다. 다음으로는 흙을 덮고 꾹꾹 다져서 땅속에 빈틈없이 묻는다. 그러면 구덩이가 있던 자리에는 네 개의 금속관 이외에는 아무것도 보이지 않는다. 이 금속관들은 주조 과정에서 발생하는 가스가 빠져나오는 **배기관**이다. 금속이 흘러 들어가는 과정은 땅속에서 이루어지는데, 사람들은 무엇을 보겠다고 여기 왔을까? 비록 아무것도 보이지는 않지만, 그 비밀스러운 과정을 조금이라도 가까이서 체험하고 싶었기 때문일 것이다. 또한 주조가 진행되는 동안에는 밖에서도 뭔가 보고 들을 수 있는 게 있었다. 이제 시작할 시간이 됐다. 정각 오후 3시였다.

우리는 주조장으로 들어갔다. 불빛이 희미했다. 마치 무대 위에 올려놓은 것처럼 가운데에 커다란 용해로가 놓여 있었다. 바로 몇 미터 옆에는 앞으로 만들어질 종의 형태 네 개가 파묻혀 있었는데, 밖으로 드러난 금속관들을 보고 알 수 있었다. 길쭉한 가죽 앞치마를 두른 도제 네 명은 마지막 준비에 여념이 없었다. 그들은 에어건으로 액체가 흘러가는 통로를 청소했다. 그것은 벽돌을 낮게 쌓아 만든 좁은 도랑으로, 용해로의 배출구에서 나온 금속 액체는 그곳을 통해 땅속에 묻힌 종 형태의 깔때기 안으로 흘러 들어간다. 방문객들이 더 잘 보이는 자리를 찾으려고 몰려왔다. 교구 사제들이 앞으로 나왔다. 주조가 시작되기 전 기도와 축원을 하는 짧은 예배 의식이 치러졌다. "주여, 이 금속 액체를 축복하소서." 종소리가 한 공동체의 삶에 빠질 수 없는 요소라는 사실을 분명하게 보여 주는 엄숙한 순간이었다. 종소리는 축제

와 생명의 탄생, 결혼과 죽음을 알린다.

이제 주종 기능장 바헤르트 씨가 앞으로 나왔다. 그는 방문객들에게 인사를 한 뒤 주조를 하는 동안에는 조용히 해 달라고 부탁했다. 그러나 그의 부탁이 아니더라도 사람들은 이미 긴장과 기대 속에 완전히 집중하고 있었다. 바헤르트 씨가 신호를 보내자 용해로의 뚜껑이 열렸다. 노 안은 시뻘겋게 가열된 상태였고, 뜨거운 액체가 부글거리는 소리가 들렸다. 도제 두 명이 가문비나무 막대를 노 안에 꽂더니 종의 재료가 될 금속 액체를 마지막으로 휘저었다.

타닥거리는 밝은 소리가 들렸다. 금속이 살아 움직이는 생물 같았고, 당장이라도 밖으로 빠져나가려고 안달하는 것 같았다. 구리와 주석이 혼합된 이 뜨거운 액체의 온도는 1100도가 넘었다. 드디어 용해로의 액체를 내보내는 순간이다. 주종 합금 용액이 바로 옆 좁은 도랑을 따라 흘렀다. 거의 하얀색에 가까운 밝은 선이 땅속으로 이어졌고, 불꽃이 튀었다. 금속이 빗물처럼 소리를 내며 흘렀다. 전혀 예상치 못한 소리였고, 경쾌하면서도 위험했다. 그 모습은 매혹적이었다. 이렇게 높은 온도에서 금속은 완전히 다른 원소였다. 과거의 인류는 금속을 고온으로 가열해 생동감 넘치는 액체로 만드는 방법을 찾아냈는데, 그것은 불 다음으로 중요한 발견이었을 것이다. 뜨거운 액체의 활기찬 소리와 그 사이로 간간이 들리는 주조공들의 침착한 소리는 주종 과정에서 경험한 마법과도 같은 순간이었다. 옆으로 조금 떨어진 곳에 서 있던 바헤르트 부인이 어느 지점에 있는 종이 어느 교구의 것이고, 종의 무게는 얼마이며 새겨진 내용이 무엇인지 짧게 설명했다. "에머슈테트의 성 페트리 교구에서 주문한 커다란 **종 F1**은 무게가 1210킬로그램이고 '선한 힘들이 경이롭게 지켜 주기에 어떤 일이 일어날지라도 의연하게 기다립니다.'라는 글귀가 새겨졌습니다." 그것은 1945년 4월 플로센뷔르크 강제 수용소에서 처형당한 용감한 신학자 디트리히 본회퍼의 시에서 따온 글귀다.

그 종이 주조되는 시간은 겨우 4분 정도였다. 금속 액체는 다른 도랑을 따라 다음 종으로 흘러 들어갔다. 시간이 갈수록 시야가 점점 흐려졌다. 사방에 연기와 김이 자욱했고 숨을 쉬기가 어려웠다. 그래도 자리를 뜨는 사람은 한 명도 없었다. 이 수공업 과정은 그만큼 모든 방문객의 마음을 사로잡았다. 종 네 개가 주조되는 시간은 30분을 넘기지 않았다. 밖으로 나가기 전, 교구 사람들의 나팔소리가 울렸다. 주조 과정의 마지막을 위엄 있게 장식하기 위해서 모두가 입을 맞춰 찬송가를 불렀다. "오, 하느님이시여, 당신을 찬미합니다."

새로 만든 종들은 적어도 일주일 동안 땅속에 그대로 둔 채 식혀야 한다. 그 뒤에야 파내서 종이 제대로 주조되었는지, 종소리는 제대로 울리는지 확인할 수 있다. 모든 것을 확인했다면, 이제는 갓 완성된 청동 종에 대한 끈질

공기를 움직이는 종소리

1943년 2월 **한스 숄**과 **조피 숄** 남매가 처형되었다. 두 사람은 저항운동 단체인 **백장미**의 일원으로 히틀러 통치와 전쟁에 반대하는 내용의 전단지를 작성해 배포했다. 그들이 처형되고 며칠 뒤 그들의 부모와 형제인 잉게, 엘리자베트도 체포되었다. 나치는 그것을 '지펜하프트'Sippenhaft(반역자 혹은 망명자의 가족에게 연대 책임을 물어 처벌하는 일종의 연좌제)라고 불렀다. 잉게 숄은 울름에 있는 감방에서 아버지에게 편지를 썼다. "감방 안에서는 귀가 밝아져요. 여기서는 귀가 눈보다 많은 것을 알게 해 줘요. 우리는 울름 대성당의 탑을 볼 수는 없지만, 거기서 울리는 종소리는 그만큼 더 생생하게 들을 수 있어요. 종소리가 우리에게 전해 주는 것은 그 울림으로만 표현될 뿐 말로는 도저히 옮겨지지 않아요. 감방 저편에서 울리는 대성당의 종소리는 헤어지게 하기보다는 결속시키고, 상처를 주기보다는 위안을 주었어요. 종소리는 공기를 움직였고, 그 물결은 우리를 창살 위로 들어 올려 세상 밖으로 나아가게 했어요."

긴 수정 작업이 시작된다. 깨끗하게 청소해서 매끄럽게 연마하고 광택을 낸다. 종은 긴 시간이 걸리는 힘든 수작업으로 만들어진다. 따라서 작은 교구에서 종 두 개를 제작하려면 상당히 많은 비용이 든다. 새 종이 종탑에 걸리기까지 들어간 비용은 약 7만 유로였다. 성 페트리 교구는 한 전문가에게 1923년에 만든 옛날 종을 감정해 달라고 의뢰했다. 전문가는 종이 너무 낡아서 아직 금이 가지는 않았지만 곧 위험해질 수 있다는 진단을 내렸다. 마을 주민들 중 적극적인 몇몇이 나서서 주종 위원회를 설립했고, 지속적인 활동으로 몇 년 동안 약 3만 유로의 기부금을 모았다. 나머지는 공적 자금을 지원받아 충당하므로 그 정도면 충분했다. 그로써 새 종을 제작할 길이 열렸고, 마을 사람들은 친숙한 종소리를 포기하지 않고 살아갈 수 있게 되었다.

몇 주 뒤 승천일에는 카를스루에에서 막 도착한 새 종을 소개하는 미사가 야외에서 열렸다. 미사 직후 두 개의 종은 마을 설립 825주년을 기념하는 축제 행렬과 함께 마을의 전 지역을 순회했다. 그런 뒤에야 마침내 종탑에 종이 걸렸고, 봉헌식이 거행되었다. 종소리는 예전보다 아름다웠다. 그러나 이전의 종도 성당 근처 좋은 자리에 놓여 있다. 거기에는 "힘든 시절에 주조되다"라는 글귀가 새겨져 있는데, 새로 만든 종들과 달리 청동이 아닌 철로 만들어진 것이었다.

수천, 수만 개의 종이 귀중한 청동으로 만들어졌다는 이유로 재앙을 겪었다. 종에게는 **대포**라는 '목쉰 자매'가 있다. 전쟁 시기에는 대포를 주조하기 위해서 많은 양의 청동이 필요했기 때문에, 처음에는 점령지의 교회에 있는 종들이 압수되었고, 다음에는 자국의 종들도 같은 운명을 겪었다. 크기가 아주 작은 종들만 내버려두었는데, 높은 소리로 맑고 또랑또랑하게 울리는 작은 종은 예로부터 죽은 사람을 위해 울리는 종이었다. 전쟁 시기에 무기를 만들려고 종을 잔인하게 녹인 역사는 15세기부터 시작되었다. 제1차 세계대전 중에는 약 7만 개의 종이 희생되었다. 제2차 세계대전 때도 약 8만 개의 종이 '독일의 장기적인 전쟁 수행에 필요한 금속 비축량 강화'라는 명목으로 압수되었다. 종을 녹이기 전에 일단 때려 부수었고, 나중에는 폭파시켰다. 폭파 순간, 종들은 마지막 금속음을 울렸다. 함부르크 항구에 있던 종들의 거대한 공동묘지에는 1945년 이후 전쟁 동안 피해를 입지 않은 1만 개 이상의 종이 쌓여 있었다. 그 종들은 원래 있던 곳으로 다시 옮겨져 평화의 종소리를 낼 수 있었다. 사람들은 이제 전쟁 때와는 반대로 대포를 녹여 다시 종을 만들고 싶어 했다…….

함부르크 항구에 있던 종들의 공동묘지, 1947년

헤파이스토스와 아레스

무기 제조의 역사

그리스 신화에서 **헤파이스토스**는 불과 대장간의 신이며, 제우스와 헤라의 아들이었다. 전쟁의 신 아레스는 그의 동생이었다. 그런데 그리스인들은 복잡하게 얽히는 내용을 좋아했다. 사랑과 미의 여신 아프로디테는 못생긴 헤파이스토스의 아내였는데, 아레스는 상관하지 않고 몰래 아프로디테를 만났다. 헤파이스토스와 아레스의 친족 관계는 금속과 전쟁, 죽음을 부르는 관계를 상징적으로 나타낸다. 금속은 무기를 위한 재료 그 자체였으니 말이다. 물론 금속을 이용하기 전에는 무기가 없었다는 말은 아니다. 인간은 금속을 발견하기 훨씬 전부터 나무로 만든 무기로 서로를 죽였다. 일부 역사가들은 심지어 인류 전체의 역사에서 금속 무기보다 목재 무기가 더 많은 사람을 죽였다고 말한다. 인류는 나무로 활과 화살, 창, 투척 무기, 돌덩이를 날려 보내기 위한 거대한 투석기를 만들었다. 따라서 나무에 관한 책을 쓰면서 무기에 관한 이야기를 포함시킬 수도 있을 것이다. 그러나 금속을 다룰 때는 무기와 관련된 주제를 결코 피해 갈 수 없다. 적어도 금속관에 화약을 채우기 시작했을 때부터는 전쟁의 양상이 완전히 달라졌기 때문이다.

금속으로 만든 최초의 무기는 기원전 3000년경인 **청동기 시대**에 탄생했다. 청동은 구리와 주석의 합금이고, 그 금속들이 쉽게 발견되는 곳에서 금속 수공업이 발달하기 시작했다. 그렇다고 돌을 깎아 만든 단검과 돌도끼가 곧바로 사라진 것은 아니다. 청동으로 만든 새 도구는 분명히 돌보다 우월했지만 누구나 쉽게 구할 수 없었기 때문이다. 단검의 칼날이 점점 길어지면서 장검이 탄생했다. 전사들을 위한 보호 장비로 갑옷과 정강이 보호대, 투구와 방패도 만들어졌다. 고고학자들은 청동기 시대의 많은 무덤과 거주지에서 청동으로 된 장비들을 발굴했는데, 때로는 화려하게 장식된 것들도 있었다. 그러한 장식

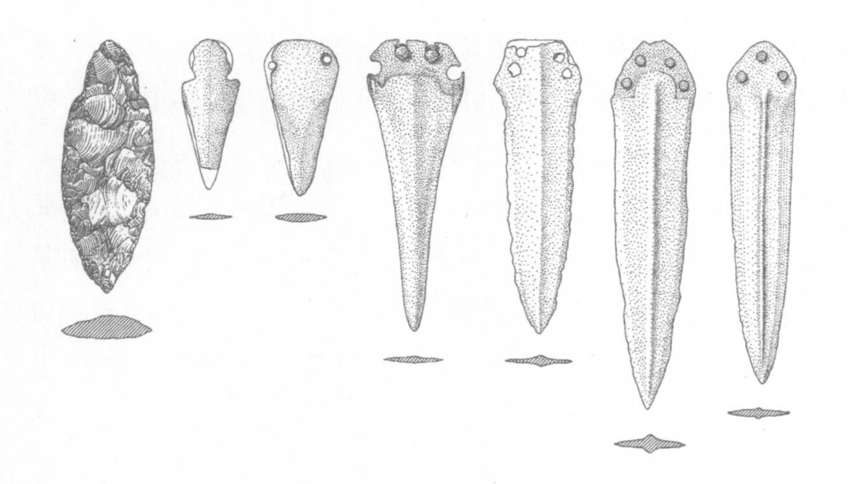

점점 길어진 청동기 시대의 칼날

아킬레우스를 위해 만든 새 무기를 그의 어머니 테티스에게 건네는 헤파이스토스

은 전사들을 치장하고 남들에게 깊은 인상을 심어 주기 위한 것이었으리라 추정된다. 어쩌면 축제나 회합의 자리에서 착용하는 것이 유일한 목적이었을 수도 있다. 실험 결과, 그러한 청동 장비들은 무기로 치거나 칼로 찌를 때 특별한 보호 수단이 되지 않는 것으로 드러났다. 반면에 나무로 만든 방패와 가죽 흉갑은 적의 공격을 훨씬 효과적으로 방어할 수 있었다.

그러나 무기는 항상 권력의 상징이었으며, 왕과 군주, 전설적인 영웅들의 장신구이기도 했다. 고대 그리스 작가 호메로스가 그리스와 트로이의 전쟁을 노래한 영웅 서사시 『일리아스』에는 헤파이스토스가 바람을 일으켜 불을 피우는 광경을 묘사한 대목이 나온다. "스무 개의 풀무가 동시에 용광로 아래로/ 불을 일으키는 갖가지 바람을 불어넣었다." 그렇게 헤파이스토스는 전투에 능한 아킬레우스를 위해 새 무기와 장비를 만들었다. 그러자 테티스는 아들 아킬레우스에게 그 놀라운 장비들을 가져다주었다. 아킬레우스는 전문가의 눈으로 그것들을 살펴본 뒤 이렇게 말한다. "어머니, 신이 내게 이 무기들을 건넸으니, 이것은 진정/ 불멸의 손이 만든 것입니다."

게르만족의 영웅 서사시[니벨룽겐의 노래]에 나오는 영웅 **지크프리트**도 아킬레우스처럼 자신의 대장장이가 만들어 준 기적의 장비들로 무장한다. 지크프리트의 검은 **발뭉**이라고 하는데, 그는 그 검으로 거대한 용 파프니르를 죽인 뒤 그 피를 뒤집어써 불사신이 된다. 게르만 전설에는 **빌란트**라는 유명한 대장장이가 나오는데, 중요한 단련 기술 중 하나가 그를 통해서 전해진다. 빌란트는 세 번의 단련 작업을 거쳐 미뭉이라는 검을 만든다. 그런데 검을 단련할 때마다 우선 철을 잘게 부숴 밀가루와 섞은 뒤 거위에게 먹이로 주었다. 그런 다음 거위 똥에서 다시 철을 얻었고, 그것으로 검을 더 단단하고 날카롭게 단련했다. 아주 이상하다고 생각하겠지만 그것은 결코 무의미한 행위가 아니었다. 그렇게 하면 금속에 질소가 풍부해져서 표면이 더 단단해지기 때문이다. 전문가들은 이를 질화 처리라고 부른다. 이처럼 배고픈 거위들이 금속을 단련하는 역할을 했던 것이다.

빌란트의 정교한 단련 작업과 연마 기술은 인류를 **철기 시대**라는 새로운 시대로 이끌었다. 물론 청동은 내구성이 뛰어난 우수한 재료였으나, 칼날을 만드는 재료로는 철이 월등했다. 좋은 칼은 단단하면서도 탄성이 있어야 하는데, 청동에서는 얻을 수 없는 성질이었다. 인간은 철과 함께 금속 가공의 새로운 단계를 이루었다. 철을 녹이고 주조하는 갖가지 실험을 통해서 용광로의 온도도 점점 더 높일 수 있었다. 달궈진 금속 덩어리를 두드려 펴고, 식히고, 물을 끼얹었다. 제대로 된 검을 만들려면 재료 선택이 무척 까다로웠다. 철이 너무 단단하면 검이 부러졌고, 너무 무르면 날이 금방 무뎌지거나 휘어 버렸다.

철기 시대 켈트인들의 단련 기술
검, 기원전 5세기

탄환 제조 탑

오스트리아의 클라겐푸르트, 독일의 슈바인푸르트와 베를린 루멜스부르크나 오스트레일리아의 멜버른에 있는 길쭉한 탑들은 퍽 아름다운 건축물이다. 그 탑들은 탄환 제조 탑이라고 불리며, 산탄총에 들어갈 탄환이 만들어지는 곳이었다. 가열해 액체 상태가 된 납을 탑 꼭대기에서 부으면 납 방울이 거름망을 통과해 아래로 굴러떨어지면서 구체가 되었다. 둥근 납은 아래쪽 수조로 떨어져 냉각되었다. 이렇게 만든 탄환은 사냥에 쓰였고, 사냥꾼은 산탄총으로 토끼, 꿩, 자고, 오소리, 여우 등 몸집이 작은 동물들을 주로 사냥했다. 그러나 납에는 독성이 있어서 납 탄환을 금지한 지역이 많았고, 점점 강철 탄환으로 교체되었다.

지금은 철이 어디서나 흔히 볼 수 있는 재료이지만, 고대에는 그렇지 않았다. 철은 구하기 어려웠고 금보다 귀했다. 철은 밖으로 드러나 있지 않았다. 철광석은 지하에 묻혀 있는 보물이었다. 아프리카 누비아에서 수많은 금을 실어 오던 이집트인들은 철을 "하늘의 광석"이라고 불렀다. 기원전 4세기부터 철을 함유한 운석에서 발견되었기 때문이다. **파라오 투탕카멘**의 무덤에 있는 황금의 방에서는 철로 만든 단도 하나가 출토되었다. 그것은 특별히 귀중한 물건이었고, 황금빛 광채 속에서 실제로 사용할 수 있는 유일한 도구였다. 철기 가공은 기원전 2000년경에 활동한 소아시아의 **히타이트인**들에 의해 발전했다. 그들은 새로운 재료인 철로 무기와 도구를 만들었고, 기원전 1200년경부터 철은 다른 재료들을 압도했다.

그 뒤에는 오랫동안 과소평가되었던 **켈트인**들이 새로운 척도를 세웠고, 기원전 8세기부터 1세기까지 유럽의 철기 시대를 이끌었다. 그들은 최고의 야금 기술자였다. 그들이 만든 검은 당시 글라디우스라는 단검을 사용하던 로마인들 사이에서도 감탄을 자아냈다. 다른 민족과 마찬가지로 켈트인들도 돌과 점토를 쌓아 만든 가마에서 철과 강철을 얻었다. 그렇게 얻은 철은 광석의 상태에 따라 품질도 가지각색이었다. 이때 광석에 포함된 탄소 함량과 인이나 망가니즈, 질소 등 주요 부수 물질들의 함량이 결정적인 역할을 했다. 철의 격자 구조 속에 '배치된' 그 원소들이 철의 성질을 결정하기 때문이다. 그렇게 해서 철은 단단하거나 무른 단철이 되었다. 그러나 철을 단련할 때는 품질의 차이가 단점으로 작용하지 않았다. 야금 기술자들은 필요에 따라 다양한 조합으로 다양한 품질의 재료를 생산하는 방법을 빠르게 익혔다. 칼날의 품질을 좌우하는 결정적인 요소는 탄소를 최대한 고르게 분배하는 **단련 작업**이었고, 여기에는 끈기와 인내심이 필요했다. 초기 대장장이들은 곧 또 다른 현상을 관찰했다. 부서진 무기로 새 칼날을 만들면 질이 더 좋아진다는 사실이었다. 처음에 사용한 재료 자체가 이미 상당히 쓸모 있었기 때문에 다시 한 번 녹이고 단련했을 때 금속과 부수 물질들이 더 잘 혼합되었던 것이다.

그러나 대장간 모루 위에서 부지런히 작업하던 켈트인들은 그 기술을 더 발전시키지 못했다. 알프스 북부 지역에서 수준 높은 문화를 향해 나아가던 그들 앞에 카이사르가 이끄는 강력한 로마 군단이 나타났고, 켈트인들은 기원전 52년 결국 로마에 패배했다. 그로써 켈트 문화는 로마 제국과 게르만족 사이에서 완전히 무너지고 말았다. 켈트인들은 그로부터 오랜 시간이 지난 뒤, 정확하게는 1959년부터 「아스테릭스와 오벨릭스」라는 만화의 주인공이 되어서야 비로소 로마인들을 우롱하며 그들에게서 승리를 거둔다.

그리스와 로마의 저술가들에 따르면, 켈트인들은 **맨몸**으로 칼만 들고 전투에 참가했다. 잘 믿기지 않는 말이다. 하지만 어쩌면 무거운 장비를 정말로 포기했을지도 모른다. 당시 그리스인들과 로마 군단은 무거운 갑옷을 입고 밀집 대형을 갖춰 전쟁터에 나갔다. 전사들은 무거운 장비 때문에 기동성을 포기했고, 거기에 맞는 완전히 다른 전투

방식이 요구되었다. 갑옷으로 무장한 병사들은 잘 훈련되어 빈틈없이 대열을 갖췄을 때 우세를 드러낼 수 있었다.

전사들의 금속 갑옷은 중세 **기사** 복장에서 절정에 이르렀다. 기사들은 번쩍이는 갑옷을 입었고, 그들이 탄 말도 온갖 방패를 허리에 둘렀다. 물론 여기서도 축제 행렬에서 입는 화려한 장식이 달린 갑옷과 실제 전투복은 구별해야 한다. 그러나 기사들이 실제 전투에서 착용한 장비도 족히 30킬로그램은 나갔다. 영국의 리즈 대학교에서는 그 정도 무게로 무장한 학생들을 트레드밀에서 달리게 하는 실험을 했다. 학생들은 얼마 지나지도 않아 맥이 빨라지고 숨이 차서 달릴 수 없었다. 그러니 영화에서 기사들이 철커덕 소리를 내며 비틀거리거나 무기력하게 누워 있는 모습을 우스꽝스럽게 연출하는 것도 엉뚱한 일은 아니다.

중세 후기에는 유럽 전역의 전쟁터에 전혀 새로운 무기가 보급되었다. 금속과 불이 새롭게 연합한 **대포**가 등장한 것이다. 화약류 가운데 가장 오래된 흑색화약은 중국에서 발명되었다. 중국에서는 1000년경이나 그보다 더 전부터 흑색화약을 이용해 아름다운 불꽃놀이를 즐겼다. 유럽에서는 14세기에 그것을 폭약으로 사용하기 시작했다. 화약을 추진제로 사용해 총탄과 포탄을 금속관을 통해 멀리 쏘아 보낼 수 있게 된 것이다. 대포는 성이나 요새를 점령하기 위한 공격에서 중요한 무기가 되었다. 저항하는 도시의 성벽과 건물에 대포 공격을 퍼부어 무너뜨린 다음

돌격하는 형태였다. 처음에는 커다란 돌덩이를 날려 보냈고, 한참 뒤에는 청동과 철로 만든 포탄을 쏘았다. 그로써 수백 년 동안 이어지는 기본 원소들의 전쟁, 즉 금속과 불의 공격과 그것을 막는 돌과 철근 콘크리트의 싸움이 시작되었다.

초기 대포는 청동으로 만들어졌고, 최고의 무기를 만들기 위한 경쟁이 촉발되었다. 대포 한 방을 쏠 때마다 재료가 필요했고, 포신은 뜨거워졌다. 대포와 포신, 포탄을 만드는 세세한 요소들이 사정거리와 명중률에 영향을 미쳤다. 금속을 잘 다루는 수공업자와 기술자는 그 어느 때보다 인기가 높았다. 그들 중 솜씨가 뛰어난 사람들은 많은 보수를 받았고 왕의 부름을 받았다. 금속 주조의 비밀을 종 만드는 기술자보다 더 잘 아는 사람은 없었다. 교회의 뾰족한 탑에 걸린 거대한 종을 만들어 본 사람은 최고의 포신도 만들 수 있었다. 앞에서도 보았듯이 종과 대포는 항상 서로 밀접한 관계에 있었다.

15세기에 제작된 포신과 돌덩이 포탄

파멸적인 무기의 제작은 19세기에 들어 급격하게 발전했다. 19세기는 금속 가공 기술이 모든 관점에서 혁신적인 성과를 이룬 시기였다. 에센에 있는 크루프 공장의 도약은 이미 오래전에 시작되었다. 처음에는 19세기를 대표하는 대규모 철도 건설이 중심이 되어 평화롭게 출발했다. 그러다가 알프레드 크루프의 공장에서 주강을 생산하게 되었다. 그것은 높은 온도 때문에도 굉장히 어려운 일이었는데, 주강 생산을 위해서는 용해로의 온도가 1600도는 되어야 한다. 크루프가 새로운 재료로 만든 대포를 처음 선보였을 때, 많은 군인들이 그 성능을 믿지 않고 계속해서 청동 대포를 찾았다. 철은 부서지기 쉬웠기 때문이다. 그러나 그것은 더 이상 철이 아닌 강철이었다. 크루프를 통해서 강철은 곧 포신을 만드는 재료가 되었고, 알프레드 크루프는 유럽 전역에서 "대포의 왕"으로 불렸다. 그의 공장은 **민족의 무기 대장간**이 되었다. 에센에서 만든 대포는 사정거리가 가장 멀었고, 1분에 발사할 수 있는 포탄 수도 가장 많았다.

그 모든 대포들은 **제1차 세계대전의 전쟁터**에서 충격적인 효력을 발휘했다. 야전포, 곡사포, 박격포, 장거리포 들에 의해 곳곳이 뒤집히고 파헤쳐졌다. 크루프에서 만든 42센티미터 구경의 대포는 '디케 베르타'[뚱뚱한 베르타]라는 이름으로 끔찍한 유명세를 얻었고, 19세기에 설치된 벨기에와 프랑스의 요새들을 파괴했다. 그 두꺼운 벽들을 무너뜨리는 데 1톤 이상의 포탄을 쏟아부었다고 한다.

제2차 세계대전에서는 더 큰 포들이 전선에 투입되었다. 기괴하다

칼을 쟁기로 1983년 옛 동독의 비텐베르크 교회 앞 역사적인 마르틴 루터 광장에 2000여 명의 인파가 몰려들었다. 칼을 단련하는 한 예술가의 작업을 지켜보기 위해서였다. 그는 칼을 쳐서 쟁기로 만드는 시위를 벌였다. '칼을 쟁기로'는 당시 동독에서 국가 권력에 의해 즉시 금지된 **평화 운동**의 모토였다. 시위를 주도한 예술가는 유럽 내 존재하는 두 개의 정치·군사 동맹, 즉 동유럽의 바르샤바 조약 기구와 서유럽의 북대서양 조약 기구가 펼치는 군비 경쟁에 반대하는 뜻을 표현했다. 그 모토는 예언자 미가가 쓴 구약성경 미가서의 한 구절에서 유래했다. "그들은 칼을 쟁기로 만들고 창을 낫으로 만들 것이다. 어떤 민족도 다른 민족을 향해 칼을 들지 않을 것이고, 다시는 전쟁을 연습하지도 않을 것이다." 뉴욕에 있는 국제연합 본부 건물의 정원에서도 같은 구절에서 모티프를 얻은 대형 조각을 볼 수 있다. 소련이 1959년에 기증한 조각상이다.

고 할 정도로 거대한 열차포 '도라'가 그 절정이었다. 도라는 원래 프랑스의 유명한 마지노선을 파괴할 목적으로 제작되었다. 마지노선은 제1차 세계대전 이후 프랑스가 독일의 공격을 막기 위해 국경에 구축한 수백 킬로미터에 이르는 방어선이었다. 거대한 금속 괴물인 도라는 무게가 1000톤이 넘었고, 구경이 80센티미터에 이르는 초대형 포였다. 운반하는 데만 열차 다섯 대가 동원되어야 했다. 도라는 1942년 소련과의 전쟁에서 독일군이 크림반도를 정복하고 세바스토폴 요새를 점령할 때 실전에 배치되었다.

오늘날 전쟁을 지배하는 무기는 항공기, 미사일, 순항미사일, 무인 드론 등으로 그때와는 전혀 다르다. 그러나 화학 무기와 최첨단 전자 장비가 전쟁에 동원됨에도 불구하고 금속은 날로 새로워지는 합금 방법을 통해서 여전히 대표적인 무기 재료로 이용된다. 다만 예전과는 다른 금속들이 주목받고 있다. 우라늄을 예로 들 수 있다. 우라늄은 핵무기의 원료일 뿐만 아니라 장갑차도 뚫을 수 있는 초강력 탄알의 재료로도 쓰인다. 고대 로마의 전쟁의 신 마르스[그리스 신화의 아레스]는 여전히 죽음을 부르는 금속 기술자다.

제1차 세계대전에 투입된
'디케 베르타'

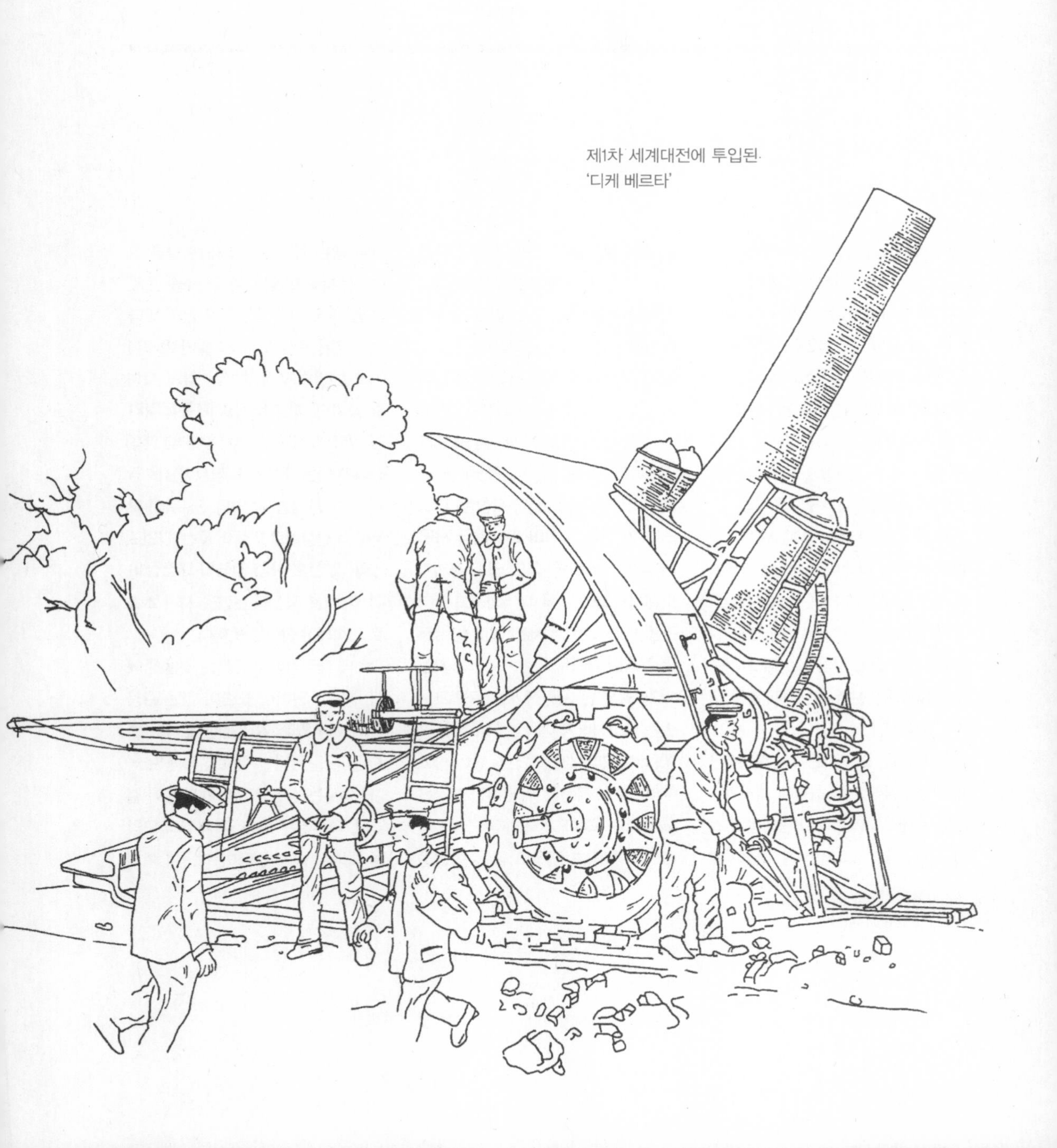

알아보기

금속과 관련된 관용적 표현들

금속의 세계에서 나온 관용적 표현 중에서는 금과 관련된 것들이 단연 선두에 있다. 그것은 새벽부터 시작된다. **이른 아침은 입안에 금을 머금고 있다.** 이 말은 **금빛으로 빛나는 태양**이 뜰 때 일어나 하루를 시작하는 사람이 더 많은 성과를 얻을 수 있다는 뜻이다. 영어권에는 비슷한 말로 '일찍 일어나는 새가 벌레를 잡는다'가 있다. 그러나 몸속 생체 시계는 사람마다 전혀 다르다. 그래서 학생들에게는 2교시까지의 수업이 학습 효과가 별로 없고 고역이라는 연구 결과도 있다. 물론 일찍 일어나 즐거운 사람들에게는 전혀 해당되지 않을 테지만 말이다.

이른 아침이 아름다운 시간인 것은 분명하다. 무엇보다 아침에 지저귀는 새들은 **목 안에 금**, 즉 아름다운 소리를 가지고 있다. 그러면 귀 기울여 잘 들어야 한다. **말은 은이고 침묵은 금**이기 때문이다. 말이 많으면 어차피 **양철판** 소리만 난다. 소리만 요란한 쓸데없는 말이라는 뜻이다.

누가 **무언가를 황금 저울에 올린다**고 한다면, 그가 매우 정확한 사람이라는 뜻이다. 때로는 지나칠 정도로 정확하고 세세한 것까지 꼼꼼하게 따져 알려고 한다는 뜻도 포함한다. 그러나 말 한마디 한마디를 **황금 저울**에 올린다고 하면, 어떤 일을 끝까지 파헤쳐서 그 원인을 파악하려고 한다는 뜻이다. 그런 자세는 때로 **황금처럼 귀중한 가치**를 가질 수 있다. 자동차가 고장 난 사람에게는 트렁크에 있는 드라이버가 어쩌면 **황금처럼 귀중**할 수 있다. 그런데 잔뜩 녹이 슬고 구부러져서 사용할 수 없다면 그것은 **쓸모 없는 고철**에 불과하다.

반면에 철의 단단하고 굳은 속성을 빗댈 때는 **철의 규율**이라는 말을 쓴다. 철저하고 엄격한 규칙을 뜻하는 말인데, 너무 완강하고 굳어 있다는 느낌을 준다. 그래서 훨씬 호의적이고 현명하게 느껴지는 삶의 지혜를 꼽자면, **쇠는 뜨거울 때 두드려라**가 있다. 적당한 순간이 왔을 때 행동해야 한다는 뜻으로 대장장이들은 당연히 그 사실을 잘 안다. 또 우리 모두를 대장장이로 만들어 주는 격언도 있다. **인간은 자기 행복의 대장장이다.** 이 말은 자신의 운명을 자기 스스로 개척해야 한다는 뜻이다.

그런데 대장간에서 만드는 것들 중에서 특별한 언어적 표현이 없는 관용어도 하나 있다. 말의 발굽에 박는 **편자**이다. 말편자는 예로부터 행운을 가져다주는 상징으로 여겨져 문에 걸었다. 대부분은 문에 걸 때 U자 모양을 똑바로 해서 걸어야 행운이 빠져

나가지 않는다고 말한다. 그러나 쇠붙이가 보호막 역할을 한다고 생각해 반대로 거는 사람들도 있다. 그런데 말편자가 어떻게 행운의 상징이 되었을까? 거기에는 여러 가지 해석이 있지만 어느 것 하나 정확하지는 않다. 예를 들어 멋지게 생긴 말들과 관계가 있었다고 치자. 말은 귀한 동물이어서 소중하게 다루었고 마차로 이용하기도 했다. 하지만 지상의 행복은 어차피 말 등에 있다.

아주 무거운 것을 말할 때는 **납처럼 무겁다**고 한다. **납덩이처럼 무거운 피로**에 빠졌을 때는 하루 종일 온몸이 무기력하고 아무 일도 하지 못한다. 휘발성이 있고 액체 상태인 수은은 무거운 납과는 반대로 쓰인다. 누군가 **수은과 같다**고 하는 말은 무척 활동적이지만 산만하고 침착하지 못하다는 뜻이다. 그처럼 성급하고 안절부절못하는 사람에게는 **피 속에 수은이 있다**, 또는 엉덩이에 수은이 있다고 말한다. 두 가지 모두 상당히 우려할 만한 표현이다. 수은은 독성이 매우 강한 금속이기 때문이다. 수은은 온도계에서 기둥 모양을 이루어 그 높이로 온도를 나타내는 수은주로 가장 잘 쓰인다. 침착하지 못한 수은 같은 유형의 남자는 쉽게 **번쩍거리는 것을 빼든다**. 칼집에서 칼을 빼 **칼날을 교차**하고 싶어 한다는 말로, 논쟁을 하거나 싸우려 한다는 뜻이다. 그러나 **쇠밧줄 같은 신경**을 가진 사람에게는 아무런 소용이 없다. 여기서는 쇠사슬보다 쇠밧줄을 더 신뢰하는 것처럼 보인다. **모든 쇠사슬은 그 가장 약한 고리가 버티는 만큼만 강하기** 때문이다.

오래된 사랑은 녹슬지 않는다는 말이 있고, 그 사랑을 녹슬지 않는 귀금속에 비유해 표현한다. 부부가 결혼해서 25년을 함께 살았으면 **은혼식**을, 50년을 함께 살았을 때는 **금혼식**을 기념하고 축하한다. **대리석, 돌, 쇠**는 부서지기 때문이다.

현장을 찾아서
에너지 효율 싸움 -발전소와 터빈 제조 공장 답사

우리는 또다시 이동 중이다. 이번에도 브란덴부르크를 지나지만 오른쪽의 하펠슈타트 산업 박물관은 그대로 지나친다. 몇 킬로미터를 더 가면 벤트제 호수 근처 **키르히뫼저**가 나온다. 오늘은 그곳 발전소를 답사하기로 한 날이다. 우리는 발전소의 금속 심장인 터빈과 발전기를 보려고 한다. 키르히뫼저도 현장 답사로 살펴볼 만한 유서 깊은 산업 시설이 있는 도시다. 새로 건설된 제가르텐 다리 위로 진입하면 곧바로 그 흔적을 찾을 수 있다. 다리가 끝나는 부분에 오벨리스크가 세워져 있고, 거기에는 이렇게 적혀 있다. "독일 제국 철도는 1920년 플라우에 화약 공장을 인수해 이곳을 제국 철도의 브란덴부르크 서쪽 정비 공장으로 이용했다."

다리를 지나 조금 더 가면 아치형 정문이 나오는데, 거기서 더 많은 내용을 알 수 있다. 1915년 그곳에 화약 공장이 설립되었다. 또한 제1차 세계대전 중에도 약 6000명의 인력이 투입되어 벽돌로 지은 공장 건물들이 빠르게 들어섰다. 그 일꾼들 중 2000명은 프랑스와 러시아 출신 전쟁 포로였다. 현재 발전소와 65미터 높이의 급수탑은 현장 체험 학습을 위한 교육의 장이자 화학 실험실로 이용된다. 길을 막아 놓은 울타리 너머로 화약 공장 중앙 관리실의 인상적인 입구가 보인다. 거기서는 폭약으로 쓰이는 나이트로셀룰로스, 나이트로글리세린, 티엔티가 생산되었다.

1918년 독일이 제1차 세계대전에서 패배하면서 화약 공장은 문을 닫았다. 1846년에 놓인 마그데부르크—베를린 간 철로 바로 근처에 위치한 이점 덕분에, 그 뒤 기관차들을 정비하고 수선하는 대규모 공장이 들어섰고, **철도업 종사자들의 중심지**가 되었다. 오벨리스크 맞은편에 있는 붉은 벽돌 건물에는 'KdE'라는 알파벳이 걸려 있다. 그곳이 제가르텐이다. 예전에 장교들의 카지노였다가 '철도인들의 사교 회관'Klubhaus der Eisenbahner으로 바뀌어 그곳 사교 모임의 중심지 역할을 했다. 현재는 문을 닫아 창문 앞은 철판으로 막아 놓은 상태이다. 키르히뫼저는 제2차 세계대전 동안 전차 부품들을 생산했고, 전쟁이 끝난 뒤에는 다시 평화 산업으로 돌아가 동독 체제가 무너질 때까지 압연 공장 '빌리 베커'에서 강판들을 생산했다. 지금은 옛 전통을 되살려 키르히뫼저 기계 제작 주식회사가 들어섰고, 풍력 발전소를 위한 강철제 부품들을 생산하고 있다. 독일 철도DB는 이곳에 환경 센터를 설립했다.

키르히뫼저 발전소

독일 에너지 기업 에온E.On이 운영하는 이곳 발전소는 1994년부터 **철도 전력**만을 공급하고 있다. 주로 하노버-베를린 그리고 베를린-브란덴부르크-마그데부르크 노선을 위한 전력을 생산한다. 아름다운 옛 발전소 건물에서 멀지 않은 플라우어 호수 바로 근처에는 새로 지은 가스 터빈과 증기 터빈 발전소가 들어서 있다. 무미건조한 상자 모양의 건물로, 옥상에 은빛 굴뚝 네 개가 솟아 있다. 발전소 책임자 한스 울리히 첼린스키가 우리에게 인사한 뒤 발전소를 소개했다. 그는 이곳에서 철도 전력을 생산하는 기술은 세계 최초로 시도된 방식이었다고 했다. 천연가스를 연료로 동력을 얻는 두 개의 **가스 터빈**이 두 대의 발전기를 가동하는데, 그때 발생하는 뜨거운 연소 가스를 이용해 증기를 생산한다고 했다. 그 증기로 **증기 터빈**을 회전시켜 발전소의 세 번째 발전기를 가동한다는 것이다. 응축기 안의 증기는 냉각수에 의해 다시 물이 되고, 이 물은 급수 펌프를 통해 다시 보일러실로 보내진다. 이렇게 증기를 연속 사용해서 발전소는 에너지 효율을 50퍼센트 이상 높였다고 했다. 마지막으로 여기서 생산되는 전력은 변압기를 거쳐 독일 철도의 송배전망으로 보내진다. 철도 전력의 전압은 다른 곳과 달리 220볼트가 아니라 110볼트이고, 주파수는 50헤르츠가 아니라 16과 3분의 2헤르츠이다.

첼린스키는 전문 교육을 받은 프로세스 공학 기사라 기계에도 관심이 많았다. 그래서 똑같은 구조로 만들어진 기계들을 관리하는 기술자들을 정기적으로 만나 의견을 교환했다. 무엇보다 가스 터빈과 관련된 문제들이 중요했다. 가스 터빈의 작동 방식을 간단히 살펴보면 다음과 같다. 먼저 필터를 통해 정화된 연소용 공기를 압축기에서 16바의 압력으로 압축한다. 이 공기를 연소실로 보낸 다음 천연가스를 분사해 혼합한 뒤 19바의 압력과 1300도의 온도로 연소시킨다. 이때 발생하는 고압, 고온의 가스를 터빈에 발사해 터빈날개를 회전시킨다. 가스 터빈의 출구로 빠져나오는 약 550도의 배기가스는 다시 증기를 생산하는 데 이용한다. 첼린스키는 몇 개월 전 정기 점검을 위해 분해한 터빈들의 사진을 보여 주었다. 연소실 안의 세라믹, 그리고 터빈날개들에 가해지는 **엄청난 압력과 고열**을 짐작할 수 있었다. 그것을 보니 외부의 어마어마한 열을 견디며 대기권으로 재진입하는 우주선의 모습이 떠올랐다. 가스 터빈은 2만 5000시간을 가동하고 나면 기계 전체를 점검하는데, 이때 터빈의 심장이라고 할 수 있는 회전자도 완전히 해체한다. 그러면 전문가들로 구성된 팀이 작업을 시작하고, 터빈날개들은 재처리 공장으로 보내진다. "모든 터빈날개는 한 개당 가격이 승용차 한 대와 비슷합니다." 첼린스키가 설명했다. "또 날개들이 달려 있는 날개바퀴 하나가 거의 100만 유로나 됩니다." 터빈에는 그런 날개바퀴가 여러 개 달려 있다.

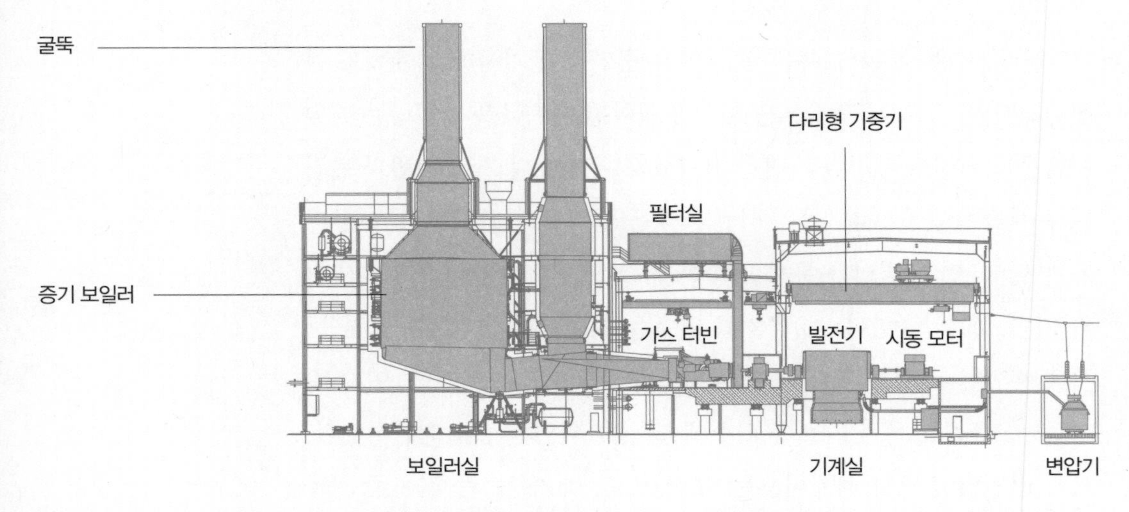

발전소의 단면

그사이 발전소 담당자인 호르스트 슈비르츠 씨가 우리 쪽으로 왔다. 그는 막 **발전기** 한 대를 점검 중인 홀로 우리를 안내했다. “우리가 여기서 하는 일은 단 1퍼센트라도 효율을 높이기 위한 싸움이라고 할 수 있습니다.” 슈비르츠 씨는 그렇게 말하면서 철문을 열었다. 안쪽으로 들어가니 무척 시끄러웠다. 널찍한 공간이었고, 기계들이 정신없이 돌아가고 있었다. 모든 것이 한눈에 들어오게 잘 정돈되어 있었다. 발전기들은 거대한 괴물처럼 크지는 않았지만, 전류를 지속적으로 발생시키는 장치였다. 그 원리는 자전거의 조명을 밝히는 다이너모 장치와 마찬가지다. 해체된 발전기의 부품들은 비닐 아래 덮여 있었다. 청결하게 유지하고 먼지로부터 보호하는 것이 가장 중요하다고 했다. 언뜻 단순하고 투박해 보일 수도 있지만, 발전기는 정밀 기계에 속한다. 슈비르츠 씨가 비닐 덮개를 벗기자, 지름 1.5미터에 길이는 약 8미터 정도인 관들의 내부가 보였다. 전체를 구리로 만들었다는 강력한 코일이 있었는데, 막상 붉은 금속은 보이지 않았다. 전기가 외부로 통하지 않도록 절연물로 씌웠기 때문이다. 발전기의 회전자인 자석이 달린 원통은 다음 주에 도착하면 재조립된다고 했다. 그것은 매번 굉장히 힘들고 까다로운 작업이었다. 회전자 무게는 106톤에 달하는데, 그 무거운 회전자를 코일과 겨우 60밀리미터 간격으로 배치해야 하기 때문이다. **발전기 안 자석**의 회전수는 1분당 1000번이라고 했다.

문 하나를 더 열자, 그곳에는 1분당 5400번 회전하는 터빈이 가동되고 있었다. 슈비르츠 씨가 큰 소리로 몇 가지 숫자를 더 알려 주었지만 들리지 않았다. 너무 시끄럽고 더웠다. 터빈 내부의 압력과 온도를 생각하면 당연한 일이었다. 여러 장치들이 조밀하게 배치된 기계실로, 굵고 커다란 관들과 계기 장치들이 있었다. 바로 터빈의 강력한 동력 장치였다. 우리는 다시 발전소의 중앙 조정실로 돌아갔다. 규칙적인 감시 활동을 제외하면 이곳이 발전소의 본래적인 작업장이었다. 여러 대의 모니터 화면에는 기계들의 모든 자료가 실시간으로 올라왔고, 이곳에서 모든 것이 통제되었다.

간단하게 말하면 발전소는 그런 식으로 가동되었다. 그런데 발전소 담당자가 하는 설명을 잘 들어 보면, 그는 조금 단순해 보이는 발전기보다는 터빈을 더 중시하는 것 같았다. 우리는 곧바로 베를린 모아비트 지역에 위치한 후텐 거리로 가 보기로 했다. 거기에는 지멘스[독일의 대표적인 전기 · 전자 기업]가 세계 최대 규모의 고성능 가스 터빈들을

제작하는 공장이 있었다. 우리는 거기서 지멘스의 새로운 가스 터빈 SGT5-8000H를 보고 싶었다.

지멘스 가스 터빈 공장은 유명한 건물 안에 들어서 있었다. 1909년부터 공장이 가동되었고, 그때부터 같은 자리에서 터빈을 만들었다. 그러나 당시의 회사는 지멘스가 아닌 아에게AEG였다. 공장 건물 건축가 **페테르 베렌스**와 건축 공학자 카를 베른하르트의 설계로 지어진 그 건물은 지금까지도 인상적인 건축물로 남아 있다. 철제 구조로 이루어졌으며, 작업장 안으로 햇빛이 잘 들어오도록 건물의 상당 부분이 유리로 되어 있다. 정면에서만 콘크리트 벽면을 볼 수 있는데, 콘크리트가 건물을 지탱하는 역할을 하지는 않는다. 작업장 중앙 홀의 너비와 높이는 약 25미터이고 길이는 120미터인데, 나중에 증축되었다. 터빈 공장은 장식적인 요소가 전혀 없는 획기적인 공장 건축물이었다. 당시 사람들은 그 건물을 "기계들의 돔", "철제 교회", "지성에 의해 제어된 에너지의 강력한 순환"이라고 부르면서 놀라워했다. 또 실용적 건물의 아름다움을 칭찬하거나 "도리아 양식의 사원처럼 완전하고 궁극적인" 건물로 여기는 사람들도 있었다.

공장 내부를 둘러보기 전 우리는 먼저 안드레아스 나이델 박사와 사무실에서 만났다. 현대식 가스 터빈의 내부에 대해 자세히 알아보기 위해서였다. 다년간 지멘스에서 근무한 나이델 박사는 연구실장이면서 재료공학 전문가였다. 그는 초고성능 가스 터빈을 만들려면 엄선된 재료가 필요하다고 설명했다. 지멘스에서 제작한 최고 성능의 최신 가스 터빈 **SGT5-8000H**는 길이 약 13미터에 지름이 5미터이고, 전체 무게는 440톤이었다. 우리가 이야기를 나누는 사무실의 두 배 정도 크기였다. 그런데 이 가스 터빈이 생산하는 전력은 375메가와트였다. 잘은 몰라도 상당히 많을 거라고 생각하겠지만 실은 그보다 훨씬 더 많은 양이다. 그 정도면 함부르크처럼 약 180만 명이 사는 도시의 모든 가정에 전기를 공급할 수 있다. 가스 터빈은 에너지가 터질 듯 가득 차 있다고도 말할 수 있다. 아주 작은 공간에 엄청난 에너지가 압축되어 있는 것이다. 함부르크와 규모를 비교해 보면, 그런 터빈에 사용된 재료가 얼마나 가공할 만한 열과 압력을 견뎌야 하는지 짐작할 수 있을 것이다. 근본적으로는 철도용 전력을 생산하는 발전소에서 배운 내용이 비슷하게 반복된다.

좋은 평가 속에서 허가를 받은 아에게 터빈 공장, 1909년

설명은 현실감 없는 숫자로 시작된다. 가스 터빈이 1초에 600세제곱미터의 공기를 빨아들이고, 연소실은 19바의 높은 압력과 1500도에 이르는 고온이 지배한다. 연소 가스는 초당 100미터의 속도로 첫 번째 터빈날개들에 분사된다. 이 뜨거운 구역에 있는 터빈날개들은 강철이 아니라 녹는점이 약 1350도 정도인 **니켈 초합금**으로 만들어진다. 니켈을 기본으로 크로뮴, 몰리브데넘, 코발트, 나이오븀이 이 합금의 주요

복잡한 구조로 이루어진
가스 터빈

구성 성분이다. 아무리 최고 품질의 강철이라고 해도 녹는점 바로 아래까지 온도가 올라가면 내구성이 현저하게 떨어지면서 버터처럼 부드러워진다. 그러나 초합금은 녹는점 근처에 이르러서도 견고함을 유지한다. 초합금 터빈날개는 고온에서 강철과는 다른 열팽창을 보이기 때문에 처음부터 그 점을 고려해서 만들어야 한다. 기계가 차가울 때 터빈날개들은 약간 느슨한 상태로 축과 이어져 있다. 그러다가 가동 온도에 도달하면 그때 비로소 빈틈없이 정확하게 고정된다.

터빈은 커다란 기계이지만 작은 손목시계만큼 정교하게 만들어야 한다. 나이델 박사는 100분의 1밀리미터에서 4000분의 1밀리미터의 허용 오차에 대해 여러 차례 말했다. 예를 들어 가동 온도에 도달한 뒤에는 터빈날개들과 터빈 케이스 사이의 간격이 수십 분의 1밀리미터를 넘지 않아야 한다고 했다. 이때 **터빈날개 2400개**가 달린 회전자의 무게는 약 **100톤**이고 그 무게로 **분당 60번 회전**한다. 어마어마한 일이다. 그래서 고온부에 있는 터빈날개들에는 0.3밀리미터 두께의 세라믹 보호층을 입힌다. 터빈날개에는 또 다른 정교한 기술이 준비되어 있다. 날개 내부에 공기구멍들을 만들어 놓은 것이다. 그로 인해 기류가 발생하고, 이 기류는 냉각 필름처럼 날개 주변에 보호층을 형성한다. "90년대에 이루어진 기술 혁신이지요." 나이델 박사는 그렇게 말하고는 한마디 덧붙였다. "우리는 이 모든 발전을 이루는 과정에서 항공기 터빈 기술에서도 많은 것을 배우고 있습니다."

나이델 박사는 금속에 관심이 있는 우리가 가장 좋아할 만한 내용을 마지막에 와서야 언급했다. 오늘날에는 터빈날개들이 **단결정**으로 생산될 수 있다는 말이었다. 이로써 우리는 다시 금속들의 격자 구조로 돌아왔다. 단결정은 전체가 고르고 규칙적인 하나의 결정격자로 이루어졌다. 여러 개가 아닌 하나의 결정이기 때문에 아무런 방해를 받지 않는다. 그래서 결정의 경계도 없고 서로 충돌하는 입자들도 없다. 일반적인 합금의 경우 그런 경계 부분에서 결정들이 부서질 수도 있다. 단결정은 탁월한 안정성을 보이는데, 얻기가 매우 까다롭다. 나이델 박사는 터빈의 내부 구조를 굉장히 상세하게 설명해 주었고, 지금으로서는 더 이상 물어볼 내용이 없었다. 단결정에 관한 설명까지 들었으니, 더 많은 것을 요구할 수는 없었다.

이제 **안전모**를 쓰고 '기계들의 돔'으로 들어갔다. 실망시키지 않

주사 전자 현미경 아래 드러난 독특한 아름다움
1000배로 확대한 터빈날개의 세라믹 보호층

는 곳이었다. 문화재로 보호되는 건물 안에 들어선 현대식 공장 시설은 아주 특별한 분위기를 자아냈다. 온통 기계들뿐이고, 그 중간에 소규모 작업 공간들이 있었다. 여기서는 아직도 수작업이 이루어지는 것 같았다. 노동자 여섯 명이 구상흑연주철[주철 조직 속 납작한 흑연을 둥글게 변형해 더 강하게 만든 주철]로 만든 터빈 케이스 둘레에서 작업하고 있었다. 터빈 제작은 컨베이어 벨트에서 이루어지는 작업과는 전혀 달랐다. 공작기계인 선반 하나가 미리 입력된 프로그램에 따라서 자동으로 돌아가고 있었다. 우리는 터빈날개들이 조립될, 반짝이는 날개바퀴가 놓인 구역으로 이동했다. 터빈 회전자도 거기서 조립되었다. 회전자의 축은 수직으로 세워져 있었고, 날개바퀴들은 하나씩 따로따로 부착되었다. 용접을 하거나 나사를 박아 조이는 일은 전혀 없었다. 날개바퀴들은 프레이즈로 정확하게 깎아 만든 톱니에 의해 서로 이어 맞춰졌다. **대규모로 이루어지는 시계공의 정교함**이라고 할 수 있다.

우리는 한쪽에 있는 관람대에서 터빈의 최종 조립 과정을 관찰할 수 있었다. 넓은 플랫폼에서는 기계에 먼지가 들어가지 않게 비닐을 씌우고, 운송을 위해 포장하는 작업이 이루어졌다. 차축이 여러 개 달린 화물차 한 대가 새로 만든 터빈 하나를 싣고 공장 홀에서 빠져나와 항구의 하역장으로 향했다. 터빈은 베를린에서 배로 함부르크와 브레머하펜으로 옮겨진 다음 전 세계로 보내진다. 지멘스는 터빈만 제작하는 것이 아니라 바로 입주해 가동할 수 있는 발전소도 짓는다. 그중 하나는 이르싱에 있고, 2011년 7월에 가동을 시작했다. 이르싱 발전소에 있는 SGT5-8000H 가스 터빈은 증기 터빈 하나와 연결되어 570메가와트의 전력을 생산하고 있다. 전 세계적으로 가장 효율성이 높은 가스 및 증기 터빈 발전소로 60.75퍼센트의 효율을 자랑한다.

화석 연료로 가동되는 발전소에서 가스 터빈은 연료에 포함된 에너지를 최대한 이용할 수 있는 기술이다. 가스 터빈의 또 다른 장점은 전력 수요에 따라서 빠른 속도로 가동하거나 중단할 수 있는 유연성에 있다. 열차 시간표에 따라서 전력을 공급해야 하는 키르히뫼저 발전소에서도 당연히 그 사실을 높이 평가한다.

우리는 가스 터빈 공장의 안마당으로 나왔다. 1910년에 만들어진 아에게 발전기 한 대가 놓여 있었다. 이 발전기의 전력 생산량은 1메가와트였다고 했다. "우리는 현재 터빈날개 한 개당 2.5메가와트의 전력을 생산하고 있습니다." 나이델 박사가 말했다. 우리는 100년 전통을 자랑하는 유서 깊은 발전기를 돌아본 뒤 작별 인사를 했다. 그로써 거대한 동력 장치에서 결정격자까지 살펴본 우리의 여행은 끝났다.

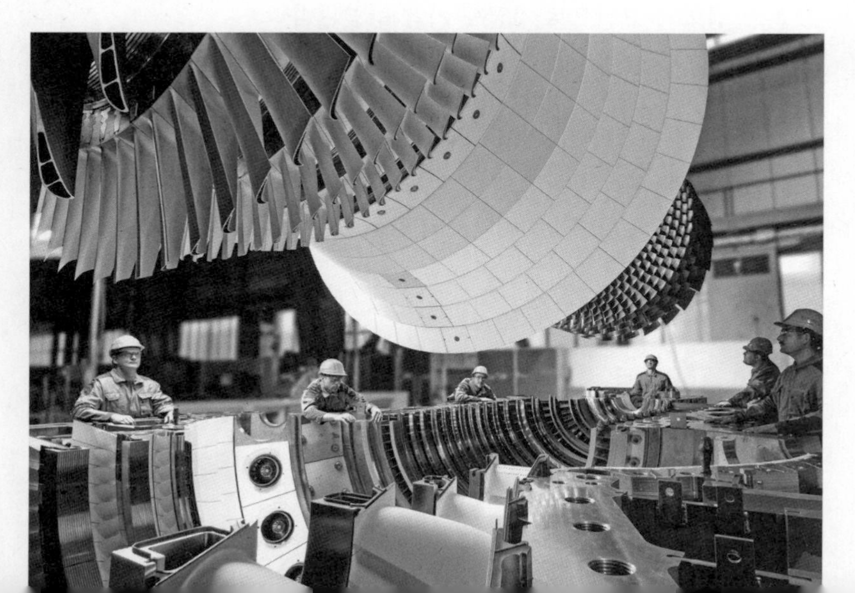

터빈 회전자를 케이스에 장착하는 극도로 긴장된 순간

신들의 육신

황금, 권력과 탐욕의 금속

금박을 넣어 정제한 순도 높은 술

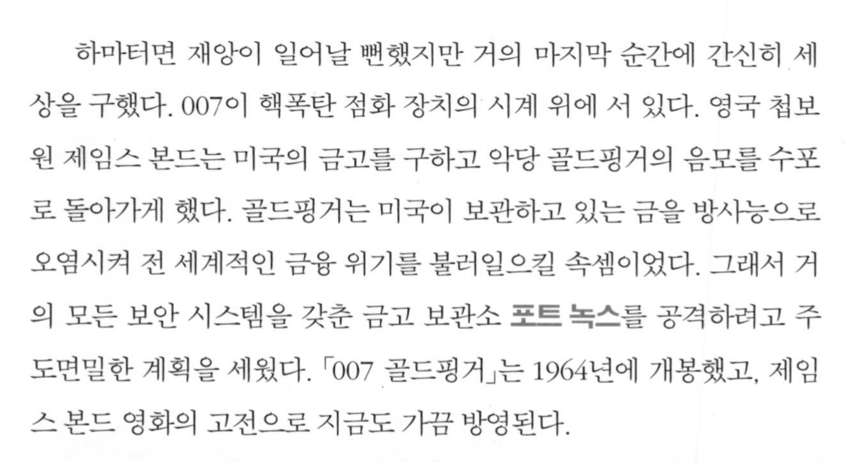

하마터면 재앙이 일어날 뻔했지만 거의 마지막 순간에 간신히 세상을 구했다. 007이 핵폭탄 점화 장치의 시계 위에 서 있다. 영국 첩보원 제임스 본드는 미국의 금고를 구하고 악당 골드핑거의 음모를 수포로 돌아가게 했다. 골드핑거는 미국이 보관하고 있는 금을 방사능으로 오염시켜 전 세계적인 금융 위기를 불러일으킬 속셈이었다. 그래서 거의 모든 보안 시스템을 갖춘 금고 보관소 **포트 녹스**를 공격하려고 주도면밀한 계획을 세웠다. 「007 골드핑거」는 1964년에 개봉했고, 제임스 본드 영화의 고전으로 지금도 가끔 방영된다.

포트 녹스에서 있었던 총격전 장면은 물론 실제 현장에서 촬영되지 않았다. 그곳에는 들어갈 수 없다. 포트 녹스는 지금도 막대한 금이 보관되어 있는 난공불락의 요새이다. 금과 화폐는 오랫동안 조금은 기묘한 관계를 이어 왔다. 화폐 가치가 떨어지면 불안해진 사람들이 금을 산다. 그래서 금을 '공포 지수'로 여긴다. 지금도 정신없이 돌아가는 금융시장에서 금값은 상당히 높은 편이다. 모두가 갑자기 금의 가치를 높이기로 결정한 것 같다.

사람들은 오랜 옛날부터 그렇게 생각했다. 그래서 화폐의 역사에서도 오랫동안 '금 보증'이라는 것이 있었다. 지폐를 가져오는 사람에게 언제든 그 지폐 가치에 상응하는 금을 지급한다는 보증이었다. 그 때문에 국영 은행들은 실제로 그런 경우를 대비해 상당량의 금을 보관하고 있어야 했다. 포트 녹스 금고 보관소는 그렇게 해서 탄생했고, 골드핑거는 주도면밀하고 위협적인 계획으로 그곳을 노렸다. 영화의 줄거리에는 역사적 배경이 있다. 당시 미국은 금값을 1온스당 35달러로 고정해 언제든 달러를 금으로 교환해 주겠다고 보장했다. 그로써 달러는 금과 마찬가지로 세계적으로 통용되는 주요 화폐가 되었다. 그런데 많은 나라가 앞다투어 달러를 내고 금을 사 갔고, 포트 녹스의 선반은 점점 비어 갔다. 그러자 1971년 미국의 닉슨 대통령

"이게 금이오, 미스터 본드. 나는 평생 금의 색깔과 광채와 신적인 무게를 사랑했소."
(영화 「007 골드핑거」 중 한 장면)

바다에서 나오는 금

사람들은 땅을 파고 광석을 캐내 모래와 암석에 섞인 금을 걸러 냈다. 그러나 지구상에 금이 가장 많이 매장된 곳은 대양이다. 다만 바닷물에 들어 있는 금의 농도는 매우 낮다. 독일 화학자이자 노벨상 수상자인 **프리츠 하버**는 1922년 바닷물에서 금을 채취한다는 비밀 계획을 세웠다. 제1차 세계대전 이후 패전국 독일은 엄청난 압박을 받았다. 경제는 무너지고 국가는 빚더미에 앉았으며, 국민들은 실업과 물가 상승으로 몹시 고단한 삶을 살아야 했다. 게다가 승전국들은 독일에 막대한 전쟁 배상금을 요구했다. 그 액수는 당시 독일 화폐인 골드마르크로 정해졌는데, 금 0.35그램이 1골드마르크에 해당했다. 화폐 가치

은 제2차 세계대전 이후 금융시장을 주도한 달러-금 태환을 파기하겠다고 선언했다. 그로써 골드핑거의 계획도 사실은 무용지물이 되었지만, 영화를 볼 때는 그런 사실이 크게 방해가 되지는 않는다. 그때는 달러도 무용지물이 되어 일시적으로 가치가 급락했다.

금은 언제나 인간을 매료하는 기이하고도 화려한 금속이다. 왕들의 금속이고, 행복과 몰락을 가져다준다. 그림 형제의 동화 『**행복한 한스**』에 나오는 주인공 한스만 그런 것에 신경 쓰지 않는다. 한스는 7년 동안 일한 품삯으로 금 한 덩이를 받는데, 계속 다른 것으로 교환하다가 결국에는 빈털터리가 된다. 그런데도 마음이 가볍고 진심으로 행복해한다. 반면에 그리스 신화에 나오는 프리지아의 **미다스 왕**은 완전히 다르다. 그는 금에 대한 끝없는 탐욕으로 몰락하는 인물의 전형이다. 디오니소스가 미다스의 소원 하나를 들어주는데, 손에 닿는 모든 것을 황금으로 변하게 해 달라는 소원이었다. 그러나 그것은 치명적인 불행을 불러왔다. 음식을 먹으려고 하면 모든 것이 금으로 변해서 먹을 수 없었던 것이다. 디오스소스가 은총을 베풀지 않았다면, 미다스 왕은 끝내 굶어 죽었을 것이다.

금은 라틴어로 아우룸aurum이다. 그래서 금의 원소

기호도 Au이다. **귀금속**이라 화학적으로 매우 안정되어 있다. 황색의 광택을 띠며 매우 무거우면서 부드럽다. 녹는점은 1065도이며, 구리와 함께 인간이 아주 일찍부터 발견해 가공한 금속에 속한다. 불순물이 없는 순금은 강의 모래에서 채취해 걸러 낸다. 그러나 인류는 채굴을 통해서도 일찍부터 금을 얻었다. 기원전 2000년경부터 이집트와 유럽, 트란실바니아와 보헤미아 지역에서 금을 채굴했다는 기록이 나온다. 금은 매우 부드러워서 망치와 모루를 이용해 플라스틱처럼 형태를 만들기가 쉬웠다. 그 때문에 처음부터 아름다운 장신구를 만드는 금속이 되었다. 금은 부와 권력을 드러내는 물질로서 반지와 귀고리, 팔찌, 목걸이, 왕과 왕비의 관冠으로 만들어졌다. 무기로도 만들어졌는데, 이때는 전투용이라기보다는 장식용이었다. 또한 구리와 은과 함께 화폐로도 주조되었다. 그러다가 언제부터인가 치과 의사들이 치아 보철에 이용하면서 사람들에게 반짝이는 미소를 안겨 주었다. 그러나 산업에서 금을 이용하기 시작한 것은 오래전 일이 아니다. 금은 특히 전자제품에서 중요하다. 귀금속인 금은 내구성이 강해서 부식으로 손상되지 않는 뛰어난 전기 전도체로 쓰인다.

금은 누구나 가질 수 있는 금속이 아니었다. "금은 신

가 떨어지는 인플레이션 상황에서도 그것은 변함이 없었다. 승전국들이 처음에 요구한 배상금은 2000억 골드마르크가 넘었다. 국가를 돕고 싶었던 하버와 그의 연구팀은 바닷물에서 금을 분리하는 방법을 개발하기 위해 실험에 매진했다. 연구선을 타고 대양을 돌아다니면서 바닷물 시료를 퍼 왔다. 바닷물에 들어 있는 금의 함량은 과연 얼마나 될까? 하버가 예상하고 기대했던 것보다 훨씬 낮았다. 바닷물 1톤에서 회수할 수 있는 금이 0.0044밀리그램에 불과했다. 일을 추진해 독일의 전쟁 배상금을 마련하기에는 너무나 적은 양이었다.

들의 육신이고, 너희 인간들이 가질 수 있는 것이 아니다!" 고대 이집트의 파라오 **세티 1세**는 기원전 13세기에 그렇게 말하면서 금을 훔치는 자에게는 중벌을 내리겠다고 위협했다. 파라오는 신으로 여겨졌다. 세티 1세는 자신의 지배 영역을 아프리카 북동부 누비아로 확장했고, 그곳의 금광을 채굴해 금의 지속적인 유입을 확보했다. 나일 강을 통해 돌과 금이 운반되었는데, 파라오들의 무덤이 있는 피라미드는 돌로 세웠고, 금으로는 시신이 매장된 묘실들을 장식했다. 세티 1세의 위협은 통하지 않았고, 도굴꾼들은 묘실에 있는 보석을 모조리 훔쳐 갔다. 아문파네퍼라는 한 석공은 이렇게 고백했다. "왕의 숭고한 미라는 완전히 금으로 덮여 있었고, 관들의 안팎은 금과 은으로 씌워졌으며, 온갖 화려한 장신구들로 장식되어 있었다. 우리는 그 신의 숭고한 미라에서 찾아낼 수 있는 모든 금을 뜯어냈다." 그런 도둑들은 그곳 사정을 훤히 아는 피라미드 일꾼인 경우가 많았다. 품삯이 형편없어서 굶주림에 시달렸기 때문이다. 그들은 훔친 금으로 곡식을 샀다.

1922년 영국 고고학자 **하워드 카터**가 '왕가의 계곡'으로 불리는 곳에서 도굴되지 않은 무덤을 발견했고, 세상 사람들은 파라오의 묘실이 얼마나 화려한지 비로소 알게 되었다. 그것은 별다른 업적 없이 어린 나이에 죽어 중시되지 않았던 소년 왕 **투탕카멘**의 무덤이었다. 카터와 그의 발굴 팀은 차근차근 일을 진행했다. 여러 개의 통로와 대기실을 발견하자 일은 점점 흥미를 더해 갔고, 마침내 묘실이 모습을 드러냈다. 금으로 된 벽 뒤에 역시 금으로 뒤덮인 커다란 관이 놓여 있었다. 길이는 약 5미터에 이르고 너비와 높이는 각각 3미터였다. 카터는 조심스럽게 작업을 계속했다. 신과 같은 파라오의 얼굴을 대면하기 전에 먼저 수많은 금과 보석부터 정리해야 했다. 그는 1927년에야 마침내 단단한 규암으로 만들어진 커다란 관을 열었고, 그 안에 들어 있는 황금으로 만든 파라오의 관을 발견했다. 관을 열자 투탕카멘의 황금 마스크가 그를 바라보았다. 눈은 채색 유리로 만들어졌고, 청금석과 장석, 석고, 흑요석 등으로 풍부하게 장식되어 있었다. 비록 마스크에 불과했지만 마치 살아 있는 사람 같았다. 또한 세월이 3000년 이상 흘렀음에도 갓 만든 것처럼 반짝거렸다. 그러나 파라오의 미라는 상태가 좋지 않았다. 오직 금만이 신적인 파라오의 육신이었고, 금을 통해 죽은 자들의 세계에서 영원한 삶을 누렸다.

고고학자들은 수많은 무덤에서 상당히 많은 금을 꺼냈다. 금으로 만든 유물들은 뛰어난 세공 기술로 감탄을 자아냈다. 상인이었던 **하인리히 슐리만**은 고대 그리스 작가 호메로스에 열광해 고고학자가 되었고, 유물 발굴에 나섰다. 그는 1873년 미케네에서 황금 마스크를 발견했고, 그 마스크의 주인이 트로이 전쟁에서 그리스를 이끌었던 **아가멤논**이라고 했다. 이 마스크 역시 전 세계를 주목시킨 유물이었고, 지금은 카터가 발굴한 투탕카멘 마스크만큼이나 유명하다.

투탕카멘의 황금 마스크, 기원전 14세기

금은 역사를 움직이는 연료였고, 때로는 수많은 불행을 불러온 연료이기도 했다. 16세기 초에는 그러한 사실이 가장 극명하게 드

러났다. 남아메리카를 정복한 스페인 정복자 콘키스타도르conquistador들이 금을 좇아 몰려드는 **골드러시**가 일어난 시기였다. 수많은 보물이 쌓여 있다는 소문을 듣고 몰려든 정복자들은 콜럼버스가 발견한 신세계에서 잔인한 약탈 행위를 시작했다. 남아메리카의 북쪽 어딘가에 있다는 황금의 나라 엘도라도를 찾는 것이 정복자들의 목표였다. 에르난 코르테스는 그들 중 선구자에 속하는 인물이었다. 그는 아스테카 제국의 **몬테수마** 왕과 황금으로 뒤덮인 왕국의 수도 테노치티틀란에 대한 이야기를 듣고는 1520년에 독단적으로 행동에 나섰다. 베라크루스에서 병사 700명, 총 열 자루, 대포 네 문을 이끌고 강력한 지배자를 정복하려는 모험에 찬 출정을 감행한 것이다. 이는 승산이 전혀 없는 무모한 계획이었는데, 아스테카인은 강하고 전투에 단련된 민족이었기 때문이다. 그러나 그들에게는 적이 있었고, 코르테스는 그 적과 연합할 수 있었다. 게다가 운도 따랐다. 결국 코르테스는 지금의 멕시코를 정복했고 몬테수마 왕을 포로로 잡았다. 그런 다음 의기양양해서 스페인 국왕이자 신성로마제국 황제인 카를 5세에게 보고서를 작성해 보냈다. 그는 순진함을 가장해 왕에게 자신이 이룩한 성과를 상세하게 보고했다. 귀금속에 대한 소식을 들은 왕은 독단적으로 행동한 신하와 화해했다. 몬테수마 왕은 파라오처럼 많은 금을 보유하고 있었다. 그러나 엘도라도는 드러나지 않았다.

엘도라도를 찾아서
남아메리카 기아나의 통치자는 손님들의 맨몸을 향유와 금가루로 장식했다.

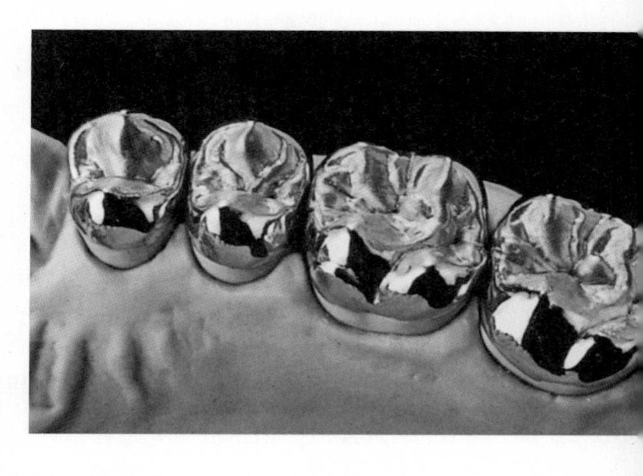

코르테스의 행적이 알려지면서 그의 선례를 따르는 사람들이 생겼다. 그와 비슷한 유형의 정복자들은 철저히 무장해 남아메리카 대륙을 휘젓고 다녔다. 프란시스코 피사로는 **잉카 제국**을 정복하고 멸망시켰다. 포로가 된 잉카의 마지막 황제 아타우알파는 몸값을 지불하고 풀려나기를 원했다. 그래서 피사로에게 금 5톤과 은 12톤을 보냈다. 그러나 그것으로는 충분하지 않았던지 그는 결국 처형당했다. 도미니크 수도회의 몇몇 수도사들은 이처럼 잔인한 식민지 개척 과정에 경악했다. 용감한 안토니오 데 몬테시노스는 아이티에서 행한 설교에서 이렇게 말했다. "당신들은 모두 죽을 죄를 범했소……. 누가 당신들에게 전권을 주어 자기들 땅에서 평화롭고 조용하게 살아가던 사람들에게 이처럼 끔찍한 전쟁을 치르게 했단 말이오……? 이들은 인간이 아니란 말입니까?"

그 뒤로 남아메리카에서 엄청난 양의 금과 은이 유럽으로 흘러들어 왔고, 그것은 유럽의 화폐경제에 적잖은 영향을 미쳤다. 세계화는 오늘날만의 현상이 아니었다. 많은 귀금속이 유입되면서 통용되는 화폐의 양이 늘었고, 물가가 오르고 신용경제가 번창했다. 그로 인해 화폐

전구가 달린 금니

뮌헨 독일 박물관에 가면 금속학 관련 구역이 있다. 그곳에 작은 전시물 하나가 있는데, 치아 보철물이 달린 위턱과 아래턱의 모습이다. 위는 금니이고 아래는 은 합금이다. 작은 백열전구가 달려 있는데 위아래 턱이 맞물리면 불이 들어온다. 그 안에 전류가 흐르기 때문이다. 실제로 입안에 서로 다른 귀금속을 넣은 사람들도 있었다. 게다가 침은 전기가 통한다는 점을 생각해 보라……. 갈바니와 볼타가 전지를 발명한 이후 우리는 그것이 전기를 발생시킨다는 사실을 알고 있다. 참으로 끔찍한 취향이다.

가치는 점점 떨어졌고, 유럽 대륙은 극심한 **인플레이션**에 빠졌다.

그러나 19세기 북아메리카만큼 일확천금으로 벼락부자가 될 수 있다는 희망에 부풀었던 곳은 없을 것이다. 캘리포니아에서 금광이 발견되었다는 소문은 **서부 개척 시대**를 열었고, 모험과 행복을 찾아 수많은 사람이 캘리포니아로 몰려들었다. 그들은 항상 권총을 차고 다니면서 단순한 도구를 이용해 금을 찾았다. 강가에서 금 거름망을 부지런히 흔들어 돌과 모래에 섞인 작은 금 알갱이를 골라낸 것이다. 그런 방법만으로는 충분한 금을 얻을 수 없어서 그중 많은 이들이 **채굴**을 시작했다. 그러던 중 1890년대에 북쪽의 클론다이크 강과 유콘 강에서 금이 발견되었다는 소식이 퍼졌다. 그러자 너도나도 도슨 시티로 몰려들면서 골드러시가 일었고, 도슨 시티는 순식간에 인구가 3만 명으로 불어났다. 모험 소설을 써서 그 시기를 묘사한 유명 작가 잭 런던도 그들 중 한 명이었다. 디즈니 만화 「도널드 덕」에 나오는 구두쇠 삼촌 스크루지 맥덕도 이곳의 금을 토대로 전설적인 부자가 되었다. 그러나 1910년경부터 금이 거의 나오지 않게 되면서 골드러시는 곧 사그라졌다. 도슨 시티의 현재 인구는 약 2000명이지만 최근에는 그곳을 찾는 외지인들이 늘었다. 클론다이크 강가가 새 출발의 분위기로 활기를 띠고 있는데, 금값이 치솟자 다시 뭔가 시도하려는 사업가적 욕망이 꿈틀대는 것이다. 비록 1톤의 암석과 모래를 퍼내 2그램밖에 안 되는 금을 얻는다고 해도 지금은 시도할 만한 가치가 있다고 여기는 듯하다. 다만 과거와는 달리 굴삭기와 전문 채굴 장비들, 세척 기계가 동원된 대규모 작업이 이루어질 것이다. 도슨 시티는 투자자를 찾고 있다.

그러나 지구상의 가난한 지역에서는 지금도 가장 단순한 수단만으로, 때로는 자신들의 목숨을 내걸고 금속을 캐내는 **금 채굴꾼**들이 있다. 그들에게도 그 일이 그럴 만한 가치가 생겼기 때문이다. 그들은 강에서 하루 종일 허리를 숙인 채 힘들게 사금을 채취하면서 번 돈으로 가족의 생계를 이어 간다. 많은 사람들에게는 그 일이 부업이다. 그들은 땅에 구멍을 파고 좁은 갱을 만들어 암석이 있는 곳으로 들어간다. 그런 곳에는 작은 환풍기 하나만으로 공기를 통하게 해 놓았고, 사고도 일상적으로 일어난다. 몽골과 남아메리카, 콩고, 아프리카의 여러 나라에서 그런 일이 벌어진다. 부자 나라를 위해 가난한 나라의 금을 캐내는 것이다. 그런 식의 금 채굴은 대부분 불법이다. 불법이면서 묵인되거나 만연한 부패 구조에 의해 보장받는 식이다. 외국의 대규모

유레카!

시라쿠사의 왕 히에론 2세 시대의 최고 수학자이자 물리학자인 **아르키메데스**는 기뻐하며 그렇게 소리쳤다. 그리스어로 '알아냈다'라는 뜻이다. 흥분한 아르키메데스는 목욕탕에서 벌떡 일어나 벌거벗은 채 거리로 뛰어나갔다. 자신이 알아낸 사실을 모두에게 알리기 위해서였다. 그가 알아낸 것은 한 물체의 부력은 물체가 액체에 잠길 때 흘러넘치는 액체의 무게와 같다는 원리로, 그의 이름에 따라 아르키메데스의 원리라고 불린다. 워낙 유명한 일화이지만, 히에론 왕의 금관을 만든 세공사에게는 불행한 일이었다. 그는 왕을 속이고 순금 대신 은을 섞어서 왕관을 만들었는데, 아르키메데스가 그 사실을 증명한 것이다. 아르키메데스는 물통 두 개에 똑같은 양의 물을 넣고 한쪽에는 금관을, 다른 쪽에는 금관에 들어간 양 만큼의 순금 덩어리를 넣고 흘러넘치는 물의 양을 비교했다. 그 결과, 금관이 순금이 아닌 것으로 드러났다.

광산 회사가 들어오면 소규모 개인업자들은 더 이상 설 자리가 없어질 것이다.

남아프리카는 오늘날 세계 최대의 금 수출국이다. 지하 4000미터 땅속에서 금을 캐내는데, 암석에서 금을 골라 씻어 내려면 유독한 화학 물질들과 막대한 양의 물이 필요하다. 금 채굴 현장에는 청산염과 수은이 빠지지 않기 때문에 독성이 강한 진흙 더미가 쌓인다. 매년 채굴되는 전체 금 가운데 산업에 이용되는 양은 15퍼센트에 불과하다. 금의 상당 부분은 주로 시계와 장신구에 쓰인다. 또 다른 상당량의 금은 아주 이상한 길을 걷는다. 힘든 과정을 거쳐 깊은 땅속에서 캐낸 금은 거의 곧바로 다시 **은행**들의 지하 금고로 들어간다.

도이체 방크는 금 3400톤을 보유하고 있다. 독일 정부가 비축한 금은 약 1370억 유로에 해당한다. 그런데 그 중 3분의 1 정도만 프랑크푸르트의 은행 지하 금고에 보관되어 있다는 소문이 있다. 독일이 보유한 금 가운데 많은 양은 미국에 있는데, 보관된 장소는 포트 녹스가 아닌 뉴욕이다. 그 금들은 1960년대에 거둔 대외무역 흑자로 확보한 것이라고 한다. 2012년 5월 독일 연방의회의 한 의원이 그곳에 비축된 금을 다시 확인할 때가 되지 않았느냐고 물었다. 도이체 방크 관리자들이 뉴욕 연방준

시에라리온에서 사금을 채취하는 사람들

비은행의 금고에 가서 마지막으로 확인한 것이 2007년 이었다면서, 원래는 매년 골드바들을 직접 눈으로 보면서 도장을 확인하고 무게를 달아야 하지 않느냐고 따졌다. 도이체 방크 측은 외국에 보관된 독일 골드바들에 대한 감시는 잘 이루어지고 있고 안전하다며 의원의 요구를 거부했다. 그러자 그 의원은 그 금을 모두 독일로 가져와 보관한다고 해도 그렇게 많은 공간이 필요하지 않을 거라며 맞받아쳤다. "그 정도 비축량을 보관하기 위한 공간은 연방의회 구내 식당보다도 작을 겁니다." 겨우 그 정도 공간에 다 들어간다니 어쩐지 실망스럽다는 생각이 들 것이다. 제임스 본드 영화에서는 훨씬 더 인상적으로 보이기 때문이다. 하지만 금이 원래 그렇다. 사방 40센티미터의 주사위 모양으로 만든 금덩이 하나의 무게가 1톤이니, 그렇게 만들면 작은 공간에도 보관할 수 있다.

금은 눈으로 직접 보고 확인하지 않아도 안도감을 준다. 그 금속이 신비로운 걸까, 아니면 그것을 소유한 인간들이 불가사의한 걸까?

동전을 주조할 때 그런 속임수를 쓰는 경우가 있었는데, 그 일에는 항상 왕들도 개입했다. 예를 들어 전쟁 수행을 위해 더 많은 돈이 필요할 때는 값이 덜 나가는 금속을 섞어서 금화와 은화, 동전을 만들게 했다. 그렇게 해서 국가 재정을 빨리 늘릴 수 있었다. 그런 다음 원래 주화에 들어갔어야 할 귀금속은 정복한 나라의 광산에서 가져왔다.

마지막으로
이상한 나라의 고철상

얼마 전 선잠이 들었을 때 벌어진 일을 어떻게 설명해야 좋을까?

나는 느닷없이 우리 도시에 있는 고철상 앞에 서 있었고, 그곳을 보면서 깜짝 놀랐다. 전에는 이런 모습이 아니었는데? 모든 것이 정돈되어 깨끗했고, 거의 비어 있었다. 오래전에 와 본 뒤로 다시 찾아온 적이 없었지만 예전 모습이 머릿속에 떠올랐다. 그때 이 고철상은 다른 곳과는 비교할 수도 없는 온갖 모험의 놀이터였고, 살아 있는 산업 박물관이었다. 녹슨 강철 기둥들과 낡은 스토브, 세탁기, 케이블 더미, 고물 자동차, 갖가지 함석판들이 있었다. 한마디로 취미로 공작을 하는 사람의 마음을 사로잡는 모든 것이 있는 곳이었다. 그런데 지금은 여기서 뭘 구할 수 있지?

나는 고철상 주인 올라프 브라메의 사무실이 있는 작은 건물로 걸어갔다. 브라메와는 예전부터 알고 지냈는데, 내가 특별히 원하는 물건이 있을 때도 시간을 내서 함께 찾아 주곤 했다. 문은 열려 있었다. 곧 그의 목소리가 들렸다. "헬름 부인, 계산서는 나왔어요? 베서머 씨에게 보낼 물건은 어떻게 됐습니까?" "전부 끝냈어요!" 헬름 부인이 대답했다.

나는 안으로 들어갔다.

"안녕하세요, 브라메 씨!"

"오, 기술자 양반, 잘 지냈습니까! 오랜만입니다. 근데, 무슨 일로 오셨어요?"

"몇 가지 쓸 만한 부품 좀 구하러 왔습니다."

"그래요? 그런데 상황이 별로 좋지 않아요. 안됐지만 거의 아무것도 없거든요."

"그래 보입니다. 깨끗하게 청소한 것처럼 보이네요. 혹시 가게를 그만두려고 하세요?"

"아니, 가게는 잘 돌아갑니다. 그런데 오늘은 금요일이라 물건이 전부 다 팔렸어요. 모두가 고철을 원하는데, 구할 수 있는 양이 많지 않아서 여기서 팔 물건이 부족할 지경입니다."

"재활용이 새로운 추세군요?"

"맞습니다. 원자재 가격이 오르니까 고철과 쇳덩이도 덩달아 값이 오르거든요."

"그렇군요. 혹시 제가 좀 찾을 만한 것이 전혀 없을까요? 오래된 전기 기기들은 없습니까?"

"전기 기기요? 구경한 지 오래됐어요. 그리고 더 이상 취급할 생각도 없습니다. 전기 기기를 취급하려면 화학부터 공부해야 하니까요. 그런 것들은 이제 벨스바흐 회사로 보내지고, 거기서 모든 기기를 완전히 분해합니다. 그리고 저에너지 전구들도 단점이 있어요. 그 안에 든 온갖 것들을 분해해야 하거든요. 그런 것들은 우리와는 맞지 않아요. 우리는 아직도 옛날처럼 투박하게 작업합니다. 철과 강철 같은 것들을 취급하지요."

"구리도 포함되죠?"

내가 덧붙였다.

"물론입니다."

브라메가 말했다. 그때 책상 밑에서 갑자기 그의 셰퍼드가 으르렁거렸다. 나는 그 개를 몰랐다. 더 좋지 않은 건 그 개도 나를 모른다는 점이다.

"페로, 그만!"

브라메가 소리쳤다.

"개를 데리고 있은 지는 오래되지 않았죠?"

"한 일 년쯤 됐습니다. 경비견이 없으면 일을 할 수가 없답니다. 안 그러면 금속 도둑들이 마당에 쌓아 놓은 물건을 전부 훔쳐 가거든요. 세상이 참 고약해졌어요! 예전에 우리 아버지는 사다리 달린 수레를 끌고 다니면서 고철을 모아 왔는데, 지금은 여기 모아 놓은 걸 훔쳐 가니 말입니다. 믿을 수가 없어요."

"여기 이 사람은 누굽니까?"

나는 벽에 걸린 사진을 보며 물었다.

"지멘스입니다. 카를 빌헬름 지멘스요. 영국에 가서 공부한 발명가이고 연구가죠. 유명한 형 베르너 지멘스의 그늘에 가려졌지만, 강철 제작에서는 획기적인 발견을 한 사람입니다. 그래서 걸어 놓았지요. 오래전 사진인데 콧수염 달린 모습이 이곳과 잘 어울리지 않습니까?"

"그 옆에 있는 건 당신이 젊었을 때 모습인가요?"

"아니, 그건 게르트 프뢰베잖아요. 「007 골드핑거」를 찍을 때 모습인데, 훌륭한 배우죠."

"사장님!"

브라메의 고철상에서 일하는 거구의 프리츠였다. 그는 커다란 망치를 들고 문가에 서서 물었다.

"토머스강은 어떻게 할까요?"

"조금 더 작게 만든 다음에 퇴근하게나."

브라메가 대답했다.

"토머스강요? 뮌스터란트에서 일어난 사건과 관련이 있나요?"

"맞아요. 얼마 전에 있었던 일이죠. 토머스강으로 세운 송전탑들이 쓰러졌는데, 그게 토머스강의 문제점이지요. 오래된 강철이 부식돼 부서지는 바람에 많은 주민이 며칠 동안 어둠 속에서 지내야 했잖아요. 그건 그렇고, 일단 밖으로 나가서 당신이 찾는 물건이 있을지 둘러봅시다. 뭘 만들 셈이오?"

"기계처럼 움직이는 조각을 만들 생각입니다. 아는 사람한테서 회전수가 적은 멋진 전기 모터를 선물받았거든요."

우리는 밖으로 나왔고, 페로도 옆에서 바로 따라 나왔다. 밖은 무척 시끄러웠다. 서둘러 퇴근하고 싶은지 프리츠가 토머스강을 망치로 열심히 두드리고 있었다. 위험해 보였다.

브라메가 앞장서서 자신의 작업장으로 나를 안내했다. 그곳도 모든 것이 정리되어 있었다. 그는 체계적으로 정리하는 것을 좋아하는 사람이었다. 벽에는 녹슨 곳 하나 없이 반짝거리는 각종 스패너들이 크기별로 걸려 있었다. 그의 드릴 프레스도 완전히 새것처럼 보였다.

취리히에 있는 전기 모터가 달린 고철 조각
장 팅겔리, 「유레카」, 1964

작업장 옆에 작은 창고가 있었다.

"여기 이 상자 안을 뒤져 봐요. 그게 전부니까. 찾는 부품이 있으면 꺼내 오고."

상자 안은 온통 뒤죽박죽이었다. 작은 고철상이나 다름없었다. 거기에는 내가 찾는 것들이 있었다. 각종 철사와 함석 조각들, 바둑판 모양으로 구멍이 뚫린 금속판들, 온갖 나사못과 암나사, 낡은 전동 장치의 톱니바퀴들. 나는 그것들을 잡으려 했다.

그때 어디선가 갑자기 덜커덕거리는 소리가 들렸다. 무슨 소리지? 프리츠가 아직도 일하고 있나? 그 순간 나는 잠에서 퍼뜩 깨어났다. 창문이 열려 있었고, 책상 위에는 근사한 전기 모터가 놓여 있었다. 옆집에서 음악을 크게 틀어서 소리가 다 들렸다. 우연인지 헤비메탈 밴드 메탈리카의 노래였다. 하지만 지금은 별로 마음에 들지 않았다.

나는 창문을 닫고 생각에 잠겼다. 그러고는 생각했다. 그래, 금속은 아주 멋진 재료야. 책으로 쓸 만한 내용도 아주 많을 거야.

감사의 글

이 책을 쓰는 동안 궁금한 내용들이 너무 많았는데, 그때마다 기꺼이 대화 상대가 되어 도움을 준 사람들이 많습니다. 전화로 알려 준 이들도 있었고, 현장에서 상세하게 설명해 준 이들도 있었습니다. 그분들 모두에게 진심으로 감사합니다.

고슬라어의 세계문화유산인 라멜스베르크 광산 박물관의 한스 게오르크 데트머 관장과 갱도를 안내한 분들에게 감사하며 인사를 전합니다. 글뤽 아우프!

베를린의 베른트 이터만 박사와 제바스티안 매를라인 씨, 볼프강 파이퍼 씨, 로펠덴의 건축 공학자 한스 하인리히 오스테로트 박사에게도 많은 도움을 받았습니다. 키르히뫼저 발전소의 한스 울리히 첼린스키 씨, 호르스트 슈비르츠 씨, 지멘스 가스 터빈 공장의 안드레아스 나이델 박사는 현장에서 상세한 설명으로 유익한 정보를 주었습니다.

몇 가지 오류나 정확하지 않은 내용은 나중에 필자가 직접 수정했습니다. 이 책의 조각과 세공을 담당한 모이디 크레치만, 용접과 합금을 하듯이 전체 내용을 구성한 만야 헬라프, 특수 나사를 조이듯 세밀한 부분들을 다듬고 매만진 클라라 펠겐트레프, 노란색 안전모처럼 안전하게 마무리 작업을 수행한 나탈리 토르나이, 무엇보다 주조 장인처럼 이 모든 일을 총괄한 편집장 말테 리터에게도 깊이 감사합니다.

끝으로 일일이 거론하지 못한 많은 분들에게도 개인적으로 감사의 마음을 전합니다.

2012년 8월

라인하르트 오스테로트

그림 출처

아니카 오스테로트, 함부르크 103

브란덴부르크안데어하펠 산업박물관 공문서 보관소 53, 62(오른쪽)

아우어 폰 벨스바흐 박물관, 알토펜 88

바젤 행동 네트워크 95

에온 주식회사 132

포토리아 앞면지, 4, 12, 18, 59, 73, 77, 129, 뒷면지

요헨 루크하르트(저/편), 『사자공 하인리히와 그의 시대』*Heinrich der Löwe und seine Zeit* (목록), 뮌헨, 1995, 319쪽 6

카를 하인츠 모메르츠, 카를 알방, 『뚫고 돌리고 깎고. 공작기계의 문화사』*Vom Bohren, Drehen und Fräsen. Zur Kulturgeschichte der Werkzeugmaschinen*, 독일 박물관, 1979 17, 19

루드비히 베히슈타인, 『동화책』*Märchenbuch*, 1853 144

랜드샤프트 박물관 사이트 117

『마이어 백과사전』*Meyers Lexikon*, 제7판, 3권, 라이프치히, 1925 55, 61

『페테르 베렌스—아에게의 건축가이자 디자이너 그리고 그래픽 아티스트』*Peter Behrens – Architekt, Formgestalter und Graphiker für die AEG* (= 아에게 역사 1/90의 정보), 3쪽 137

라인하르트 오스테로트 49(아래), 131

지멘스 주식회사 138, 139, 141

빅토어 폰 하겐, 『황금의 사나이를 찾아서』*Auf der Suche nach dem Goldenen Mann*, 라인베크, 1977, 96쪽 148

세계문화유산 지정 라멜스베르크 광산, 고슬라어 (리하르트 보테) 37, 46, 49(위)

세계문화유산 지정 라멜스베르크 광산, 고슬라어 (토마스 프리에) 45

위키미디어 11, 15, 21, 23, 28, 31, 32, 33, 42, 50, 54, 57, 62(왼쪽), 63, 64, 65, 69, 71, 74/75, 76, 79, 81, 82, 83, 85, 87, 93, 97, 99, 102, 115, 118, 119, 120, 124, 126, 142, 147, 158

찾아보기